近代以来海外涉华艺文图志系列丛书

华北考古记

第一卷 石阙及石祠卷

[法] 埃玛纽埃尔-爱德华·沙畹 著
袁俊生 译

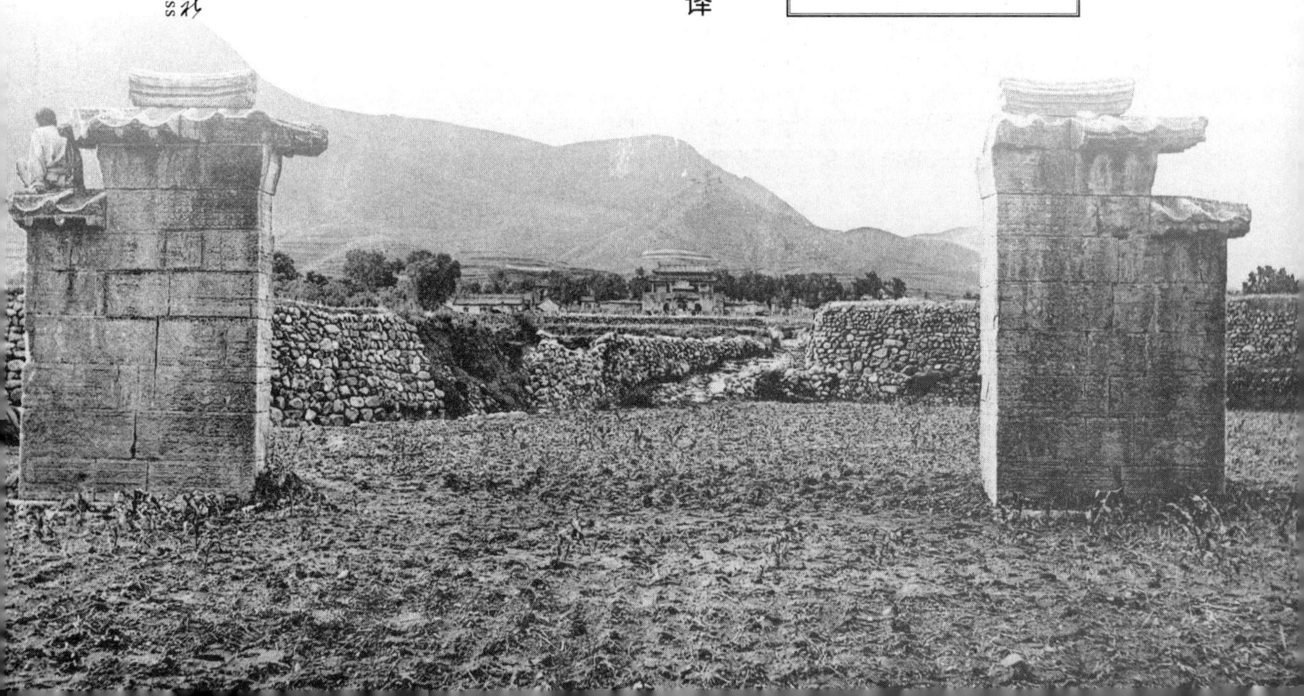

图书在版编目（CIP）数据

华北考古记 /（法）埃玛纽埃尔-爱德华·沙畹著；
袁俊生译. -- 北京：中国画报出版社，2020.5（2020.11 重印）
（近代以来海外涉华艺文图志系列丛书）
ISBN 978-7-5146-1895-2

Ⅰ.①华… Ⅱ.①埃…②袁… Ⅲ.①考古工作－华北地区 x 图谱 Ⅳ.① K872.5-64

中国版本图书馆 CIP 数据核字 (2020) 第 034969 号

"十三五"国家重点图书出版规划项目
国家出版基金资助项目

华北考古记

[法] 埃玛纽埃尔-爱德华·沙畹 著　袁俊生　译

出 版 人：于九涛
项目主持：于九涛　齐丽华
责任编辑：杜莉
责任印制：焦洋

出版发行：中国画报出版社
地　　址：中国北京市海淀区车公庄西路 33 号
邮　　编：100048
发 行 部：010-68469781　010-68414683（传真）
总编室兼传真：010-88417359　　版权部：010-88417359

开　　本：16 开（787mm×1092mm）
印　　张：84.25
字　　数：489 千字
版　　次：2020 年 5 月第 1 版　2020 年 11 月第 2 次印刷
印　　刷：三河市信达兴印刷有限公司
书　　号：978-7-5146-1895-2
定　　价：398.00 元（全四册）

编辑说明

《华北考古记》（*Mission archéologique dans la Chine septentrionale*）是一部鸿篇巨制，作者是法国著名汉学家埃玛纽埃尔-爱德华·沙畹（Emmanuel Édouard Chavannes，以下简称"沙畹"），原著为文卷和图谱（共四册）。文卷上册记述汉代祠堂壁画、石阙以及石刻画，并用三个独立篇章重点介绍嵩山汉三阙（太室、启母和少室）、孝堂山石祠和武梁祠堂。此外，作者把在各地所发现的石刻画汇总在一起，列入汉代浮雕的篇章。文卷下册则侧重记述佛教雕塑，详细介绍了云冈石窟和龙门石窟，并收录相关碑文及题记。图谱分上下两册，收录了文卷中所提及的石刻画或石祠、石阙等图片（有部分图片文卷中未提及）。

原著为法文版，最早出版于1909年，受制于当时排版印刷技术条件，不得已文字与图片分卷，虽有编号可供查找，但文图分开研阅着实不便，前前后后反复翻阅，思绪受扰，不胜其烦。

时过百余年，设计排版印刷技术今非昔比，况且是国内首次翻译、编辑、发行中文版，本社在确保原书内容完整的基础上，对编辑体例进行调整，把图谱中的图片一一对应插入文卷中，说明如下：

一、图文混排。将原著图谱本中图片与文卷进行图文混排，所述文字与图片一一对应。原图谱本中，作者勘察及所拍照片，但未在文卷中提及的部分，如高句丽遗址、孔林、孔庙等，悉数整理为一卷，即"图谱卷"（第四卷）。

二、"武梁祠墓群"单独成卷。武梁祠墓群以其庞大的规模，石刻画像的艺术成就，在国内国际颇具影响力。中文版将其从原文卷中抽离，配合图谱中相关图片单独成册，以便学者作为专题研阅。

三、《华北考古记》一书在考古界影响甚巨，未有中文版之前中国学者的学术著作中多有引用沙畹著作中的图片。为保证学术文献传承有序可查，本书完整保留了原书的图片编号。

四、原著中大量引用中国的古籍文献，译者在翻译过程中对原著引文进行了回译，编辑过程中也均对引文进行核对，以保证文献准确。

本书翻译、编辑工作繁重艰辛，幸有"国家出版基金"资助，历时数年而成，然编辑水平有限错误之处在所难免，希望读者不吝指正。

编者
2020年4月

序

一个时代可以成就一批大师，而一批大师也缔造一个时代，学术界亦是如此。19世纪末20世纪初，中国的政治、社会、学术都处在巨大的变革之中，那是一个产生革命家、英雄和学术大师的时代。但是，由于中国当时在科学技术上的落后，在许多学术领域内，中国学者尚未涉足，西方学者反而先行一步，走进中国这片未开垦的土地，创造了学术辉煌。

就在此时，法国从事汉学研究的年轻学者埃玛纽埃尔-爱德华·沙畹，来到中国，以华北为中心，开始他的考古调查工作。

1889年1月，沙畹被法国外交部派往北京。那是他第一次来华，时年24岁。他的身份是法国驻华公使馆散编随员，可以自行安排研究计划，当时他打算全文翻译司马迁的《史记》，并调查两汉画像石，旁及历代碑铭和少数民族文字的碑刻资料。为此，1891年沙畹曾前往泰山考察，以印证《史记·封禅书》中的记载。此行还促成了他对泰山祭祀活动和民间信仰的通盘研究，最后写成了《泰山：中国的一种祭祀志稿》（*Le T'ai Chan, Essai de monographie d'un culte chinois*, Paris : Ernest Leroux, 1910）一书；同时他在泰安碑贾手中购买到武梁祠、孝堂山、刘家村的画像石和碑刻，构成了他另一本书的主要素材，即《中国两汉石刻》（*La sculpture sur pierre en Chine au temps des deux dynasties Han*）。

经过四年的研究与考察，收获满满的沙畹在1893年1月回到巴黎，就任法兰西学院汉学讲席教授。1895开始，沙畹将已经翻译出来的《史记》的十二本纪、十表、八书、三十世家（约原书的五分之三的篇幅）陆续出版。到1905年为止，共计出版五册。

1907年3月27日至1908年2月5日，沙畹再次来华做考古调查，其范围更为广阔，但核心地区仍是华北。这次他先到辽宁奉天，考察清帝陵墓，然后寻访鸭绿江畔，考察了包括"好太王碑"在内的高句丽遗迹。然后他从北京到山东，重访泰山、曲阜；再转往开封、巩县、洛阳、登封，一路考察石窟，测量碑石，制作拓片，购买方志。然后沙畹西入陕西，调查西安碑林，走访唐朝帝陵，拜谒司马迁墓；再渡过黄河，进入山西，访五台山寺院，特别是对云冈石窟做了详细记录和拍照。沙畹此行，在中国同行的帮助和他的俄国弟子阿列克谢耶夫（V. M. Alekseev）的陪伴之下，拍摄了数以千计的照片，制作了上千张拓本，还记录了大量的笔记，取得丰硕的成果。沙畹知道这些资料的重要性，回国后即着手整理，编写《华北考古记》一书。1909年，他先将经过选择的照片刊布为《图版卷》（Planches）两册，计1793张图片，每张都标注了题目和拍摄地点；1913年和1915年，沙畹又分别出版了两册文字考释，即《汉代雕刻》（La sculpture à l'époque des Han）和《佛教雕刻》（La sculpture bouddhique），虽然文字没有囊括他全部的考察行程，但对武梁祠、孝堂山、嵩山三阙以及云冈、龙门石窟等最重要的遗址都进行了详细的记录和阐述。

沙畹继承了他所景仰的司马迁"践行"的学术传统——读万卷书，行万里路。他把实地的田野考察和书房里的潜心研究有机地结合起来，在做研究的过程中，同时到实地进行调查。与同时代的中国金石学家的"访碑录式"的专注于文本收集的方式不同，沙畹的实地调查依托于现代学术的考古学方法，不仅对碑刻本身做详细的测量和记录，同时对碑刻或古物所在的祠堂、墓地、周边环境等做了仔细的考察和分析。再加上西方的照相技术和资金上的支持，沙畹的《华北考古记》最终成为划时代的学术丰碑，他本人也由此成为汉学研究的一代大师。

沙畹的成就是欧洲学术发展到一定程度的时代产物。20世纪初，欧洲的考古学者们开始实地涉足并挺进陌生的地域进行考察与研究。沙畹以其学识和眼光，选择了华北作为考察重点；斯坦因（A. Stein）则选择以和田为中心的丝路南道；格伦威德尔（A. Grünwedel）选择以吐鲁番为中心的丝路北道；伯希和（P. Pelliot）则直奔敦煌，尽管他只看到一件敦煌藏经洞写经。他们最终都通过实地的考古调查和随后整理而成的著作，成为各自领域内的学术高峰。沙畹选择中国学术最核心的华北、泰山、云冈、龙门，来实现自己的学术抱负，虽然与竞争更加激烈的新疆宝藏相比，他的考察似乎没有那么惹眼，但其学术意义丝毫不差。而且不应忽视的是，在如此繁忙与竞争的时期，沙畹在1903年应俄国皇家科学院之请，翻译出版了《西突厥史料》［Documents sur les Tou-Kiue (Turcs) occidentaux］，此书成为西方研究中亚史的必备参考书；1910年至1911年，他又应年友人烈维（S. Lévi）的请求，翻译《选自汉文〈大藏经〉的五百寓言故事》

（*Cinq cents contes et apologues : extraits du Tripitaka chinois*），分三卷出版；1911年至1913年，他又与伯希和合撰长文《中国发现的一部摩尼教经典》（*Un traité manichéen retrouvé en Chine*, Journal Asiatique, 10, 1911, pp. 499-617; 11, 1913, pp. 99-199, 261-395），此书成为摩尼教研究的奠基之作；1913年，沙畹又应斯坦因请求，考释出版了《斯坦因在新疆沙碛中所获汉文文书》（*Les documents chinois découverts par Aurel Stein dans les sables du Turkestan oriental*, Oxford），这部著作堪称整理汉晋木简和西域出土文书之典范。沙畹之伟大，正在于此。

我曾给中华书局出版的《沙畹汉学论著选译》写了一篇代序的文章，题为"沙畹著作的接受与期待"，在文中我对比冯承钧翻译的《西突厥史料》等边疆史地、求法僧行记等论著，指出支撑沙畹学术殿堂的几块巨大的基石还没有人翻译。可喜的是，中国画报出版社敦请浙江越秀外国语学院袁俊生先生，将此书全文译出，并利用现代排版技术将图片随文放置，便于学者使用。相信沙畹这部著作的中文译本的出版，对于两汉石刻、墓葬研究，以及云冈、龙门石窟原貌的追寻，都会产生积极的影响，其学术意义早有相关研究者从不同方面给予定位，在此我就不赘述了。

沙畹是我所敬佩的学者，为其著作的中文译本作序，我倍感荣幸。今承安平秋先生授意，中国画报出版社副总编齐丽华女士约请，不敢有违，因述沙畹此书之学术源流与学术价值，聊作序言。

荣新江
2020年2月杪

目录

第一卷·石阙及石祠卷

前言 13

第一章　绪论 15
　绪　论 16
　　第一节　祠堂 17
　　第二节　石阙 27
　　第三节　汉代浮雕艺术及考古价值 32

第二章　登封县石阙 41
　　第一节　太室阙 42
　　第二节　开母阙 62
　　第三节　少室阙 72

第三章　孝堂山石祠 83
　　第一节　石祠外景 84
　　第二节　陇东王感孝颂铭文 87
　　第三节　八角石柱题铭 92
　　第四节　石祠后壁的两块石板 93
　　第五节　两侧石壁 99
　　第六节　三角石梁 110

第四章　其他各类画像石 117
　　第一节　刘家村石刻画 118
　　第二节　焦城村石刻画 120
　　第三节　周公庙石刻画 124
　　第四节　南武阳石阙 125
　　第五节　六幅石刻画拓片 128
　　第六节　墓祠食堂 134
　　第七节　沂州石刻画 137
　　第八节　李禽颂 138
　　第九节　菲舍尔带到欧洲的文物 143
　　第十节　济宁晋阳山慈云寺石刻画 147

第十一节	持斧男子石刻画像	149
第十二节	汉鲁恭王墓石刻守卒	150
第十三节	郭泰墓碑	151
第十四节	出处不详的石刻画拓片	152
第十五节	射阳石门画像	162
第十六节	不其县令石阙	164
第十七节	汉代墓碑	165
第十八节	汉砖	167
第十九节	汉王稚子阙画像	168
第二十节	济南府公立图书馆汇集的画像石	170
第二十一节	置于济南府的另外十块画像石	176
第二十二节	出处不详的石刻画拓片	180
第二十三节	两城山石阙	181
第二十四节	汪涅克带到巴黎的画像石	196
第二十五节	劳费尔所公布的石刻画拓片	203
第二十六节	关野贞所公布的石刻画拓片	206
第二十七节	出处不详的画像石	207

第二卷·武梁祠卷

武梁祠墓群 ... 211

第一节	墓碑	214
第二节	考古学家的研究成果	227
第三节	两座石阙	231
第四节	武梁祠	247
第五节	美妙的祥瑞图像	280
第六节	前石室	290
第七节	左石室	306
第八节	后石室	316
第九节	新发现的第二块画像石	324
第十节	孔子见老子的石刻画像	327
第十一节	损毁的画像石	328
第十二节	三面镌刻的画像石像	329

第三卷·石窟卷

绪论 333

第一章　云冈石窟 337
　　第一节　第一组石窟 341
　　第二节　第二组石窟 380
　　第三节　第三组石窟 390

第二章　龙门石窟 423
　　第一节　潜溪寺内的石窟 426
　　第二节　E组石窟：距潜溪寺最近的石窟 486
　　第三节　双窟（G号窟） 497
　　第四节　石狮窟（H号窟） 505
　　第五节　石塔窟（I号窟） 514
　　第六节　双窟与石塔窟之间的小石窟 529
　　第七节　毗邻石塔窟的南窟 531
　　第八节　在全景图上标示J和K之间、紧邻道路的石窟 534
　　第九节　K号窟 536
　　第十节　L号窟 545
　　第十一节　M号窟 574
　　第十二节　不平整的洞穴（N号窟） 610
　　第十三节　Q号窟 616
　　第十四节　S号窟 632
　　第十五节　T号窟 646
　　第十六节　大佛（U号窟） 655
　　第十七节　V号窟 666
　　第十八节　X号窟，又称老君洞 687
　　第十九节　Y号窟 793
　　第二十节　伊水东侧石窟 797
　　第二十一节　龙门题记碑文所包含的信息 807

第三章　巩县石窟寺 835

第四章　济南府千佛山 865

第五章　石窟以外的佛教雕塑 869
　第一节　少林寺里的两尊石碑 875
　第二节　碑林里的佛教浮雕画 886
　第三节　刻于武定元年（543）的画像石 889
　第四节　刻于北魏正光六年（525）的佛座石刻画 894
　第五节　图 437 896
　第六节　图 434 897
　第七节　图 430 和图 431 898

第四卷·图谱卷

唐太宗昭陵图集 903
唐太子恭陵图集 909
唐高宗乾陵图集 913
武则天皇帝于 700 年为母亲修建的顺陵图集 927
唐睿宗桥陵图集 939
唐宪宗景陵图集 947
宋仁宗永昭陵图集 951
博物馆收藏的珍品图集 971
其他各类铭文图集 991
唐代石刻经典古籍图集 999
奉天 1027
清昭陵图集 1029
高句丽古迹图集 1039
孔林图集 1063
孔庙图集 1095
开封府图集 1121
西安府图集 1193
韩城县芝川镇司马迁祠图集 1219
太原府图集 1245
五台山图集 1259
大同府图集 1277

结束语 1323

图片索引 1325

译后记 1343

前言

考古学总是不断地更新我们对古代的认知，这门学科目前在中国正处于起步阶段。不过，只有考古发掘能够被有系统地组织起来时，这门学科才能真正地发展起来，才能让我们得以详细了解地下深处所埋藏的秘密。四千多年来，中国将自己的文明一代代地在这片土地上传了下来。不过，在考古新纪元到来之前，我们现在即可着手去探索和研究所有的历史遗迹，这些遗迹是每一个来华旅行的人都能亲眼目睹的。然而令人感到吃惊的是，我们竟然等了这么久才去从事这方面的研究活动。1907年，我尝试着与各方人士合作，通过参观华北和东北地区的历史古迹，并对其进行拍照、制作拓片，从而对中国考古学状况有了一个初步的认识。现在，我可以把此次考古活动带回的资料公布于众，这批资料极为丰富，很难将其一一介绍给大家，我只好编写为一本解释性的目录册，尽可能详细地解释每一幅图片，希望能够为考古学提供一些有益的资料，其他人将来也可以利用。

对于这次在华北地区的考古活动，法国教育部提供了五千法郎资助费，法国铭文学院和法国远东学院分别提供了六千法郎的活动经费。在此，我首先向政府机构和这两家研究学院表示感谢，感谢他们如此信任我，让我专心致志地从事考古研究工作。同时，我还要感谢所有在考古研究活动中无私帮助过我的人，尤其是要感谢俄国汉学家阿列克谢耶夫（Alekseyev, Vasiliy Mihaylovich），从1907年5月29日从北京出发，到10月10日在太原府分手时止，他一直作为志愿者陪我在华北地区考察；感谢关野贞先生，这位日本学者在1907年5月初陪我参观了高句丽的历史古迹；感谢我的中国摄影师周先生，在我的指导下，他负责把照片放大，放入图谱集里，而我则负责审核每一张小照片。在此无法把所有帮助过我的中国官员一一列出来，但我还是要特别感谢孙宝琦先生，他曾任清朝出使法国大臣，在我完成考察活动、返回法国之后，他时任山东巡抚，将我未曾看到的汉代石刻画拓片寄给了我。我还要感谢赫伯特·穆勒（Robert Müller）先生，他将在山东省发现的其他石刻画照片寄给我，供我研究之用。最后尤其要感谢我的朋友魏怀先生，他将我们参观过的碑铭都抄录了下来（引自《金石萃编》的文字除外），我又将这些碑铭都录入本书当中，在做这项工作的同时，他常常主动校对我的手稿。

第一章 绪论

第一节 祠堂
第二节 石阙
第三节 汉代浮雕艺术及考古价值

绪　论

中国古代的青铜器、陶器及玉器大多体积不大。除此之外，在中国艺术品范畴内，我们所认知的最古老的历史遗迹都是在公元2世纪建造的。这些遗迹就是汉代浮雕画，这些浮雕画有的刻在墓祠的石壁上；[1]有的则刻在石阙的立面上。石阙和墓祠往往建在一起，因为石阙通常是陵墓的外门，不过石阙同样也可以建在庙宇前面，而这些庙宇并不是为祭祖而兴建的。此外，有些石阙前面还会摆上一对石狮子，这倒让我们得以认识这些圆雕作品。

在就图谱集内的文件进行深入研究之前，将描述墓祠和石阙的历史文献汇集在一起是有必要的，目的是为了确定这些建筑究竟建于哪个年代，位于哪个地理位置上，这样就能更好地了解我们手中拓片所展示的文物究竟可以划入到哪一类里。

---

[1] 我在此仅介绍建在陵墓前的墓祠，因为这是我唯一研究得最透彻的建筑物。尽管如此，可以肯定的是，棺材都放入地下墓室里，墓室或为石筑，或为砖砌，有些石壁和砖面上会刻着浮雕画。我们手中图谱集里的部分石壁画拓片有可能就是墓室壁画，而非墓祠壁画。此外，通过武梁祠的题记我们得知，在墓祠的前面要设一个祭台和一面护墙，祭台和护墙通常为石制，上面刻着浮雕。武梁祠的石壁也许就属于这一类文物，但武梁祠石壁体积较大，倒不像是专门用于墓祠的（详见后文对图113、图114、图115和图116的描述）。

此外，劳费尔（Berthold Laufer）最近还提到石棺上的线刻画及浮雕画（参阅劳费尔："中国石棺"，载《东亚杂志》，第一卷，第3期）。——原注（本书注释，除特别注明之外，均为作者原著。）

第一节　祠堂

祠堂是一座小神殿，通常建在陵墓前。人们在祠堂的供桌上或在墓主人的雕像前摆上各种供品，于是这类建筑就被称为"**祠堂**"。[1]由于死者地位不同，祠堂的规模也有很大差别，大部分祠堂是用五块石板垒起来的，武梁祠堂就是其中的一例（武梁祠堂始建于公元2世纪中叶），有关武梁祠的资料我们手中有一些，但却十分零散：有一块石板（图77。图片编号均为原著编号，以下不再一一说明。——编者注）应是祠堂的背墙，另外两块石板（图75和图76）为祠堂的侧墙，还有两块石板（图78和图79）是祠堂的屋顶，祠堂的前面是敞开式的。武梁祠的画像石以及在山东省其他地方挖掘出的画像石都应该是这类祠堂所用的石板。

有两座祠堂至今保存完整，而且依然坐落在原址上，它们的规模都很大，是两座非常有名的祠堂。其中一座祠堂建在**孝堂山**顶的道观里，孝堂山位于山东省**肥城**县西北约六十里，我们将在后文详细介绍这座祠堂（参阅图44），在此仅说明一点：祠堂前面用一人多高的石板封了起来，祠堂背墙有四米多高，用两块巨大的石壁垒起来，祠堂侧墙宽232厘米，高224厘米。关野贞先生[2]还特意绘制了详图，并发现有两条地下通道[3]从祠堂下穿过，通道一直延伸到祠堂前面，并将祠堂后面与墓冢连在一起。

另一座汉代祠堂依然保留在原址[4]，但保存得不如孝堂山的好，祠堂坐落在山东省南部的**金乡**，位于县城以西四里远的地方（图911—图913）。祠堂地面建筑一半已塌陷于地下，西半部的屋顶也不知去向（图911），而东半部仅存半个屋顶，仅见四块长215厘米，宽26厘米的石板，每块石板相当于两条平瓦，平瓦接缝处用筒瓦衔接起来。祠堂背墙（图912）长约4米，由5块石板垒成，其中一块已遗失。祠堂侧面长4米。祠堂正面朝南，完全敞开。祠堂后面，即朝北的那一面，沿地面有一条石道的盖顶，石道大概是从墓穴通过来的，墓穴距离祠堂约30米远。如果参照关野贞先生就孝堂山祠堂所做的分析，这条石道要从地下穿过祠堂，一直通到祠堂的前面。祠堂的内壁雕着石刻线画，这种石刻线画很难做成拓片，我好不容易才弄到一些拓片，并参照拓片描绘出几个人物的线条画（图1180—图1184），这些线条画非常好看，很像汉语书籍里的插图，虽然我们并不知道这些人物究竟代表着什么。实际上，尽管人物画的线条很简洁，但画面却显得格外流畅，充满了生活的气息。

在祠堂的一块石板上，中国金石学家们能辨别出几个汉字，首先看到的是"**朱长舒之墓**"，接

---

[1] 作者在此用汉语标出"祠堂"一词，后文凡作者书写的汉字皆用**黑体**字标示。——译注

[2] 关野贞：《后汉的石庙及画像石》（载《国华》杂志第十九卷，1908—1909年，第225期，229—241页；第227期，第299—313页；第20卷，1909—1910年，第233期，第126—138页）。

[3] 在此，没有人能解释为什么会有两条通道，而不是一条通道，或许是有两位死者，先后被埋入到坟墓里。不管怎么说，这些通道大概就是古文献里所提到的**隧**或**隧道**、**羡道**、**延道**，或者就是**墓道**。

[4] 《金石萃编》卷二十一，第8页。有关此建筑物的描述，可参阅《山左金石志》卷八，第24页；《平津读碑记》卷一，第26页。

图 1180（图片编号均为原著编号，以下不再一一说明。——编者注）

图 1181

图 1182

图 1183

图 1184

着又看到"汉朱氏",由此得知埋葬在此的是生活在汉代的朱氏家族成员。再往后还能看出几个单独的汉字,其中就有鲔字,由此可以断定,此为朱鲔（字长舒）墓,许多古文献里都提到过这座墓。实际上,郦道元（约470—527）在其《水经注》（卷八,第22页）里就明确指出在金乡县附近有一座古墓,还有一座石庙,是为**汉平狄将军扶沟侯淮阳朱鲔**而建。撰写于11世纪中叶的《梦溪笔谈》（卷十九,第3页）也提到这座古墓,并对此做了详细描述：

> 济州金乡县发一古冢,乃汉大司徒朱鲔墓,石壁刻人物、祭器、乐架之类。人之衣冠多品,有如今之**幞头**者,**巾额**皆方,悉如今制,但无脚耳。妇人亦有如今之垂肩冠者,如近年所服角冠,两翼抱面,下垂及肩,略无小异。人情不相远,千余年前冠服已尝如此。其祭器亦有类今之食器者。

通过引述《水经注》及《梦溪笔谈》的文字,我们发现自公元6世纪起直至今日,金乡县附近的这座古祠堂一直为历代考古学家所关注。

在陵墓前建立一座祠堂似乎并不是一种古老的习俗,在中国最早三个朝代的文献里,几乎看不到任何有关这一习俗的记载。因此,最先实行这一做法的应该是汉代人。此外,依照汉代人的说法,祠堂后来也慢慢地消失了,或者确切地说,汉代人后来把祠堂从墓地挪到了死者生前居住的地方,"**祠堂**"一词过去用来表示陵墓前的墓祠,后来则用来指代"**家庙**",家庙是建在村子里或城镇中的建筑物。

只有一份文献似乎想证明墓祠早在汉代之前就已存在,这就是**王逸**为**屈原**所赋《**天问**》而撰写的注本。[1]根据王逸的说法,屈原的这首诗其实就是诗人于公元前4世纪涂写在帝王**庙**或高官**祠堂**墙壁上的诗句,经人整理汇编成诗集,我们将在后文引用王逸的注本对图53进行解释。通过这首诗,屈原是想问,画在祠堂或庙宇里与星宿有关的神话人物究竟意味着什么。不过,值得注意的是,生活在公元2世纪上半叶的王逸,试图以自己亲眼所见祭祖建筑物来解释屈原在诗篇里所提出的奇怪问题。他的论点虽不能全盘否定,但在我看来,至少不足以确定这类建筑早在公元前4世纪就已确实存在于世。[2]

虽然汉代之前祠堂或墓祠尚未问世,但人们至少能证明墓祠早在西汉时期,即在公元前就已经出现了。下述历史文献足以为证：

---

[1] 屈原这首诗的大部分版本开篇都印着王逸的注本。王逸的传记载《后汉书》卷一一〇上,传记的后半部分是王逸之子王延寿的传记。我们将在后文介绍王延寿所撰写的《灵光殿赋》（《鲁灵光殿赋》,后文皆同此例——编者注）。

[2] 在这一点上,我和孔好古先生的看法相左[参阅孟斯特伯格（Hugo Müsterberg）：《中国美术史》],他认为王逸的论点是绝对可信的。

文翁在四川致力于兴办教育，直至汉武帝[1]（前140—前87年在位）统治初期还在兴教办学。当地人对他格外崇敬，他去世时，当地官员和民众在成都为他建立了祠堂"**吏民为立祠堂**"。在历史学家班固生活的那个年代，即公元1世纪，民众依然在不断地向祠堂供奉祭品（参阅《前汉书》卷八十九，第2页）。当时流传着一个说法，但我认为这一说法不会早于元代，根据这一说法，在文翁祠堂里有一尊孔子坐像，这似乎是圣人最早的塑像。在这尊坐像上，孔子的膝盖向前弯，脚掌向后伸，王公及历史名人分立在坐像两侧，孔子的七十二位弟子也分列在两侧[2]（《阙里志》卷一，第6页；卷十八，第52页和53页）。各地孔庙也许都是借鉴文翁祠堂里孔子及其弟子塑像的排列方式来布置的，在孔庙里，那些致力于传播孔子思想的人都围在圣人周围。

　　在**霍光**和**张安世**分别于公元前68年和前62年去世后，宣帝下令由朝廷出钱对其厚葬，也就是说，修建陵墓的工匠们由国家征调，工程也由朝廷统一管理，让兵卒挖掘墓穴，再把土填上，[3]并立起坟茔，修建祠堂，"**穿复土起冢祠堂**"（《前汉书》卷六十八，第6页及卷五十九，第5页）。

　　龚胜是在公元纪年最初几年去世的，他生前就曾要求家人在他去世之后，不要像当时流行的风俗那样，在墓上动土，[4]种植松柏，建立**祠堂**（《前汉书》卷七十二，第10页）。

　　到了东汉时期，即公元2世纪，兴建祠堂的风气愈演愈烈，不过这依然是有钱人、达官贵人或王室宠臣们的专享特权。

　　公元74年，**马援**将军的遗孀去世，皇帝借此机会为生前不得势的著名将军赐谥，并下令对马援将军墓作修葺，种松柏，建**祠堂**（《后汉书》卷五十四，第8页）。

　　汉和帝（89—105年在位）的哥哥清河王在生母去世后想为她追建一座祠堂，因为生母是在宫阙争斗中被迫害致死的，但他又不敢直接向皇帝提出这个要求，生怕引起皇帝的嫉妒（《后汉书》卷八十五，第2页）。

　　公元103年，**张酺**去世，在病危时刻，他叮嘱儿子不要为他在墓前立**祠堂**，搭个茅草屋，在那里祭祀就行了（《后汉书》卷七十五，第6页），他想效仿汉明帝（58—73年在位）的节俭之风——汉明帝曾颁布敕令，命人不得在其陵墓前修建**寝庙**。这段文字表明，为达官贵人所修建的墓祠就相当于为皇帝陵

---

[1] 作者在此将汉武帝误写为汉文帝。——译注

[2] 这些塑像还应有题记说明，正如《隋书》（卷三十三，第8页）所列经籍标题二卷本《蜀文翁学堂像题记》所证明的那样。有人会揣摩，在记载与文翁有关的文献中，是不是涉及两个不同的建筑物。一个是祠堂；另一个或许是成都城内的一所学堂，孔子及其弟子的雕像也许就安放在这所学堂里。尽管如此，一方面，考虑到中国的史籍编撰者从未明确说明有两座不同的建筑物；另一方面，鉴于武梁祠总会出现在孔子后来弟子们的论述里，我认为孔子及其弟子的塑像很有可能是安放在祠堂里，也就是说，是安放在墓祠里。

[3] 这是一种固定说法，意为修建墓冢。在修建墓冢时，确实要先挖一个墓穴，再把土填好。

[4] 真不知道这是什么习俗，有些历史评注家认为，这句话的意思是嘱咐家人不要放贵重的随葬品，以免让盗墓贼在其坟茔上动土。

墓所建立的寝庙。

在著名的《潜夫论》里，生活在公元2世纪的**王符**抨击同代人大办丧事的做法，尤其是批评那些造起大坟，广种松柏，在**庐舍**旁修建豪华**祠堂**的人（《后汉书》卷七十九，第3页）。

既然在陵墓前修建祠堂的做法在汉代已蔚然成风，那么我们再来看看这类祠堂都建在哪些地区。我们在前文已经看到，如今依然保存较好的祠堂都在山东省，其中既有完整的祠堂，也有祠堂的残垣断壁。通过历史文献我们可以证明，除了这些保存至今的古祠堂之外，在山东省还有其他一些祠堂，中国的金石学家曾对它们做过认真的研究和详细的描述。

李刚墓：根据郦道元在《水经注》里的描述，**李刚**墓坐落在**黄水**以南，山东**曹州巨野**县城的西面。李刚卒于公元172年，有关他的陵墓，《水经注》（赵一清1754年校勘版《水经注释》卷八，第23页，1880年重刻版）为我们做了如下描述：

> 黄水东南流，水南有汉荆州刺史李刚墓。刚字叔毅，山阳高平人，熹平元年（172）卒。见其碑。有石阙、祠堂、石室三间，橡架高丈余，[1] 镂石[2]作橡瓦屋，施平天造，[3] 方井侧荷梁柱，四壁隐起，雕刻为君臣、官属、龟龙、鳞凤之文，飞禽、走兽之像，作制工丽，不甚伤毁。

在郦道元撰写《水经注》650年后，洪适在其《隶续》里描述了李刚墓中两幅浮雕画的拓片。[4] 第一幅浮雕画长15尺，高仅8尺，是一条窄长的檐壁板，大家首先看到这样一个场景：

> 所图车马之上，横刻数字云：**君为荆州刺史时**，前后导从，有骑骑，有步卒，标榜皆湮没。在后一车，碑失其半，止存**东郡**二字。向前一车，车前有榜，惟**郡太守**三字可认。前后亦有骑骑、步卒，及没字榜。又一车仅存马足泰半无碑少。前六骑，形状结束**胡人**也，其上亦刻数字，惟乌桓二字可认。汉长水校尉主乌桓骑，又有防乌桓校尉，此以乌桓为导骑，必二校中，李（刚）君尝历其一。

另外一幅浮雕画表现的是《列女传》里讲述的三件事。

> 其一：三人，车一，马一。无盐丑女、[5] 齐宣王、侍郎凡三榜，车前一榜无字。

---

[1] 此指祠堂的高度，即从地面至橡架的高度，高十尺。

[2] 祠堂的屋顶用镂石做橡子和屋瓦，盖在祠堂上面，通过图片（图44）可以清楚地看到武梁祠的屋顶就是这样做的。

[3] 这句话十分晦涩，下一句话也很难理解。

[4] 参阅图76第三层第四个场景。

[5] 参阅图76第三层第四个场景。

其一：四人，三榜，惟**梁高行**、[1]**梁使者**二榜有字。

其一：四人，**樊姬**、**楚庄王**、**孙叔敖**、**梁郑女**[2]凡四榜，后有一榜而阙其人。

鲁峻墓：鲁峻墓位于山东省**巨野**县以西，**金乡**县以北。与李刚墓相距不远，也建于同一年代，因为和李刚一样，鲁峻也是在172年去世的。鲁峻的墓碑已转至济宁州文庙，如今还能看到这座墓碑。

《水经注》（卷八，第24—25页）是这样描述这座墓碑的：

戴延之《西征记》[3]曰：焦氏山北数里，汉司隶校尉鲁峻[4]穿山得白蛇、白兔，不葬，更葬山南，凿而得金，故曰金乡山。山形峻峭，冢前有**石祠**、**石庙**，四壁皆青石隐起，自书契以来，忠臣、孝子、贞妇、孔子及弟子七十二人形像，像边皆刻石记之，文字分明。

洪适在其《隶续》里对此石壁残画像作了评注，他知道鲁峻墓有四块石壁画，其中两块石壁宽三尺，高二尺；另外两块石壁要更大一些。洪适是这样描述的（《隶续》卷十七第1页）：

第一块石壁画：三层横幅上下叠排

第一层：首行一榜云：**祠南郊从大驾出时**，次有大车帐下骑鲜明骑小史骑凡十六榜，大车之上一榜三字，上两字略有左畔偏旁，似是校尉骑字，车前两旁鲜明八骑，步于中者四人，铃下三十余骑，如鱼鳞然列两行横车之后，后有驸马二匹［一榜有持驸马三字］，[5]帐下一骑，小史执幢[6]

---

[1] 参阅图77第一层第一个场景。

[2] 樊姬是楚庄王的妻子，因楚庄王耽于打猎，为劝阻楚庄王，她便坚持不再吃肉食了。孙叔敖为楚国宰相，《古列女传》（卷三，第3页）记载，孙叔敖小时候曾看见一条双头蛇，这是一种险恶的征兆，因为看见双头蛇的人必定会死去，为了仅让自己去承受这一命运，他把蛇杀死并掩埋起来。回到家后，他对自己即将死去感到极为悲伤，母亲则安慰他，说杀蛇埋蛇为他人着想的做法会感动上天，上天不会让他死的。至于说梁郑女，我们没有找到有关她的介绍文字。

[3] 《隋书·经籍志》（卷三十三，第10页）提到过这部著作。此书应该是在隋朝出版的。

[4] 赵一清在1754年校勘版《水经注释》里注明，之前版本里这里标写为**鲁恭**，实为**鲁峻**。

[5] 在《隶续》近代版里并无方括号中的文字，但在叶奕苞编写的《金石录补》（卷六，第9页）里有这几个字。

[6] 洪适在《隶续》一书（卷八，第5页）中指出，第三块石壁画和第四块石壁画当时在一个名叫**汪圣锡**的收藏家手里，这两块石壁画显然和前两块石壁画一样，都源于同一古遗迹，因为每一横幅画的场景几乎完全相同。至于说前两块石壁画，它们肯定来自于鲁峻墓祠。一方面，鲁峻墓碑上的铭文告诉我们，他生前曾任九江太守，而第二块石壁画上恰好刻着他的官职；另一方面，同一铭文还告诉我们，他在其政治生涯后期升任**屯骑**校尉，因此当皇帝要出南郊祭祀时，他得以跟随护驾。第一块石壁画所描述的恰好是他履行这一职责时的情景。

四骑。

第二层：**荐士一人**，有榜奏曹书佐、主簿车各一榜，有车马骑史、仆射二骑，铃下二骑各有榜。

第三层：冠剑接武十有五，人人一榜，阙里之先贤也（阙里意为孔子居住的地方，在提到孔子的弟子时，人皆称其字，而非呼其名）。

第二块石壁画

第一层：两榜云：**君为九江太守时**，车前**导者八人**，后骑石损，其半少。前一榜云：**功曹史导**，有车马，车前二骑榜灭。

第二层：但刻云气。

第三层：十有六人形象标榜与前石同（这些人也是孔子的弟子）。

第三块石壁画

第一层：尽图人物如武梁画像，主坐客拜，侍于前后者六，又主客三人列坐，侍者四。

第二层：三车**如雍丘令画**，[1] 一车导骑二，一车两人在前，一车一人在后，屋下之人，三五宾主，三车有标榜，皆湮灭。

第三层：十七人如前石所图圣门高弟。

第四块石壁画

第一层：七骑皆右驰。

第二层：二车：一有一导骑，一则倍之。末有五人在屋下，二稚子在屋上。

第三层：**两毡车**皆驾以一马又一车，有导骑二。末有五人在屋下立。车皆有榜，惟四导骑者，上下各一字，粗可认，上曰**君**，下曰**郎**，应读作**鲁君再为议郎**。[2]

在河南省，祠堂过去几乎和山东省的一样多，虽说我们手中并无描述河南省祠堂的任何文字，但许多与其相关的文字都证明河南省确实曾有过这类祠堂。

在三国时期，有一个名叫**贾逵**（174—228）[3] 的人曾为魏国做过很大贡献，公元257年，魏明帝路过**项郡**（今河南省郑州项城县东北）时，曾来到贾逵的陵墓前，**扫除祠堂**，修葺破损之地，引入清水。[4]

在河南省中部的**密县南边**，洧河的一条支流从那里流过，《水经注》（卷二十二，第10页）提到汉代

---

[1] 这幅浮雕画如今似乎已佚失。

[2] 在叶奕苞所编写的《金石录补》第六卷里，还有其他几座陵墓的描述，但陵墓规模都不大，其中大部分都在山东省。

[3] 不要把三国时期的贾逵与汉代的贾逵混淆在一起。三国时期的贾逵传载《三国志》第十五卷；而汉代的贾逵生卒年为30—101年，其传记载于《后汉书》卷六十六。

[4] 《三国志》之《魏略》卷十五，第9页。

宏农太守张伯雅墓，那里有两座石阙，石阙下面分列两排石兽（也许是石狮），冢前还有一座石庙。

在湖阳县附近，今河南省唐县以南八十里的地方，在公元6世纪时还能看到一座古墓（《水经注》卷二十九，第9页），这就是汉代日南太守胡著（公元1世纪上半叶）的墓："庙堂皆以青石为阶陛。庙北有石室。"

在鲁阳县附近，即今河南省汝州鲁山县，《水经注》（卷三十一，第4页）还提到汉安邑长尹俭墓："冢西有石庙，庙前有两石阙，阙东有碑，阙南有二狮子相对，南有石碣二枚，石柱西南有两石羊，中平四年（187）立"。

在距离古蒙城不远处，即在今河南省东北归德府东北二十二里处，古人在汉延熹年间（158—166）为盛允修建了墓碑，还在陵墓里建了一座石庙（《水经注》卷三十三，第16页）。

在谯城以南，即今安徽省西北方向的亳州，也就是说在靠近河南省的地方，有曹嵩的陵墓。陵墓建于160年，《水经注》的作者在当时还能看到庙堂的遗迹，庙北有两座石阙对峙，石阙高一丈六尺，上有雕镂云矩纹饰。石阙北面有一座石碑，石碑东西两边相对立着两匹石马，高八尺五寸。

在今河南省归德府南面，古称睢阳城东百步远的地方，有一座石室，石室门口刻着几个大字：汉鸿胪桥仁祠（《水经注》卷二十三，第14页）。

所有这些文字都已证明，河南省确实曾拥有许多墓祠，不过我们还应知道，四川省同样也有许多墓祠，虽然记载四川古墓祠的文献并不多见。尽管如此，我们在前文已经看到，在公元前2世纪，当地人就曾在成都为文翁建立了祠堂。

此外，在公元1世纪末，张翕在越巂郡任太守，在任十七年，深得当地百姓爱戴，他去世时，百姓格外伤心，就像自己父母去世了似的。他们带上牛羊（作祭祀供品）为其送丧，将他的遗体一直护送到安汉县（今四川省重庆府南允郡北），并在那里为他建了墓冢，献牲祭祀。后来皇帝颁布敕令，为他修建陵墓，并建立一座祠堂。

在《隶续》一书当中（卷二十三，第6—7页），洪适描述了某位公卿人物墓中的画像，此人曾任太尉，去世后被埋葬在四川资州内江县。墓中共有八块画像石。

第一石：横四尺，高二尺有半，两巨人高坐，右方有伏尉公三字，左方有右将军韩侯子本七字。坐后各一奴，下有两禽。

第二石：七人分坐三席，其中一席二人，题其左曰高陵侯，右曰曲□侯。两螭横其上，三席之下，有舞剑者，戏钱者，腼鼎者使令之人凡廿。

第三石和第四石：二立石，高五尺，上有朱爵相向，右禽之下，刻一人物，长且三尺，衣冠甚伟，左右刻一牛首，衔大环。

第五石：有一祭楼，人坐其下，一人前跪。后有一器，器上有物，两旁一禽四兽。

第六石和第七石：二方石，各二尺纮，仅奴四辈，其旁横画数路。

第八石：一石长丈余，车三，马四，人物六。

目前河南省尚未挖掘出墓祠，不过待考古研究日臻完善之时，挖掘出古墓祠是完全有可能的。

至于说四川省，虽然有关古祠堂的文字数量很少，我们对能挖掘出古墓祠也不抱很大希望，但托马斯·陶然士（Thomas Torrance）的研究还是很有价值的，他在岷江沿岸的洞穴里发现，那一带有很多汉墓，棺椁外面砌着砖石，砖石上的画很像山东和河南两地的部分石刻画。[1]

---

[1] 托马斯·陶然士：《四川的丧葬习俗》，载《皇家亚洲文会北华支会会刊》第16期，第57—75页。在此文第71页上，作者附了一张图片，展现了三块墓砖上的石刻画，只可惜画面太小了。最上面那幅石刻画正中是西王母，因为从她的衣冠上可以辨别出来，这与本书所附图1221、图1222、图1237及图1267的场景完全相同，在西王母的左右两侧，分别画着两条蛇或两条龙，西王母似乎就坐在两条蛇上。画面的右侧画着蟾蜍和月兔，月兔正在捣药（参阅本书图31、图53、图1237及1267）。画面的左侧画着一只九尾狐（参阅本书图196）。在中间那幅石刻画上，从左到右画着正在捣药的月兔，九尾狐，坐在两条蛇或龙上的西王母，手拿一枝树杈的人物，一只三足金乌，还有手里拿着贡品的两个人物。在下面那块墓砖上，画着一辆车，车的形状与河南省一座石阙上刻画的车很相似；画上有一位骑手，正转身向后射箭（参阅本书图35）；两个人物向来访者鞠躬，表示敬意；画面上还有两个壁柱，这种壁柱在其他地方极为罕见。

第二节　石阙

　　石阙也出现在山东、河南及四川三省。

　　最古老的石阙是河南省登封县的石阙，三对石阙极为相似：太室阙始建于118年，开母阙[1]建于123年，少室阙的建造年代应该和开母阙的相同（参阅图27—图29）。在这三对石阙当中，每一对石阙间距均为7米多，每一座石阙高350厘米左右。石阙最下面是基座，基座上横放5到8层巨石做阙身，最上面一层巨石两边收进，收进后留下空档，露出光秃秃的石头，于是便在上面加盖一个石头阙顶（参阅图3，一个中国人就坐在阙顶上）。阙身顶端那层巨石上放着一排石头，其斜面向前探出，形成一个斗拱，这排斗拱托着石头阙顶，阙顶完全按照木屋顶加盖屋瓦的样式仿制（图17）：微微弯曲的凹瓦沿椽子方向排列，凹瓦的接缝处盖着半圆筒瓦，在屋顶边缘处，用一块瓦当给半圆筒瓦收边。在一排排屋瓦的下面就是檩条，檩条上排着一根根椽子，椽子支撑着屋瓦，整个阙顶也是按照这个结构设计的。太室阙的尖脊是用一块石头做的，石头雕刻出三根圆檩条托着屋脊的模样。登封县的三对石阙是几座不同庙宇的神道建筑，看上去不像是给墓祠用的。

　　在山东省嘉祥县以南，有武氏家族陵墓，其中两座石阙始建于147年，武氏家族许多坟墓都设在陵墓里，墓地前建有墓祠，而石阙就是通向墓地和墓祠的神道外大门。石阙的间距及高度与登封县的三对石阙相仿，不过形态略有不同：一方面，子阙与母阙明显分隔开，但却没有顶盖遮覆；另一方面，石阙顶端设两个上下叠放的矩形阙顶，上层阙顶仅相当于下层阙顶的三分之二大。两座石阙的前面各摆放一尊石狮子，我们是通过铭文知道石阙前摆放石狮子的。这两个石狮子是最近才挖掘出来的，其中的一尊石狮子还被拍成了照片（图1185）：[2] 它被埋在地下，埋在其基座旁，石狮子的四只爪子还留在基座上，初步看，这像是一只行走的狮子，或许是一只驻足歇息的狮子，因为狮子的右前爪呈静止不动状，爪子下面还压着一样东西，不过很难分辨出究竟是什么。这尊石狮雕塑是目前发现的中国最古老的圆雕作品。

　　四川雅州府石阙建造于209年。奥龙少校（Henri d'Ollone）对这几座石阙做过极为详细的研究，在他动身前往中国考察之前，我曾对他提起过这些石阙。这几座石阙与山东及河南的石阙差别很大，尤其是雅州府石阙的阙顶更为复杂。迪厄拉富瓦（Marcel—Auguste Dieulafoy）认为这种阙顶"将波斯和印度

---

[1] 作者在后文对启母阙改称开母阙的历史原因做了详解，凡作者使用开母阙或启母阙一词时，译文则沿用作者所用的名称。——译注

[2] 1907年10月8日，在梅腾斯（Metens）的帮助下，沃佩尔（Anton Volpert）挖掘出这对石狮子（参阅沃佩尔："中国的牌楼"），那时候我刚离开3个月。日本考古学家关野贞先生为其中的一尊石狮子拍了照片，并把照片发表出来，与此同时，他还绘制了一幅摆在石阙前的石狮位置图（参阅《国华》杂志第十九卷，1908—1909年，第227期，303页及305页）。在此我要感谢关野贞先生，图1185就是参照他的照片绘制的。沃佩尔所绘制的图似乎也是按照关野贞先生的照片绘制的。此外，雅州府的石狮照片由张璜发表在其专著《萧梁家族墓》中（第60页）。

的传统融合在一起,用石屋架的形式表现出来"。[1]两层斗拱向外突出,支撑着檐壁,檐壁上刻着土地神像。石阙前有两尊呈行走状的飞狮雕像。[2]

四川新都县的王稚子阙(图199)建造于107年,我们是通过一幅草图了解到这座石阙的,草图是一位中国金石学家绘制的,但草图绘制得太简单。王稚子石阙也与山东和河南的石阙有所不同,它和雅州府的石阙一样,阙顶结构极为复杂,向外突出的檐壁上雕着许多人物雕像[3]。

在对不同的石阙做过对比之后,我们发现山东、河南及四川的石阙代表着三个不同的流派,在公元2世纪,各地区的匠人们应该是相对独立的,他们所创作的作品有明显的差别。尽管如此,各地区的石阙又有一些共性,这表明所有的石阙都源于同一典型,而典仪形式要求石阙的基本特征不能有太大的变化,因此不管是在哪个地区,石阙的间距及高度变化并不大,此外我们还发现,无论是在哪个地区,每座石阙旁都设一个子阙,从建筑学角度看,子阙的作用没有体现出来。在登封县的石阙上,子阙是和母阙连为一体的,这也许正是子阙最原始的出处。实际上,如今我们所看到的独立石阙,其实过去就是院墙的门柱,而子阙则是旧院墙破败的断壁,院墙一般会低于门柱,而门柱则用来做院墙大门的支撑物。通过观察图1,我们得以设想将子阙加长,让分列母阙两侧的子阙向左右延伸,这样我们就能想象出当初最原始的布置,子阙只不过是古院墙的残垣断壁罢了。

---

[1] 弗勒莱尔上尉(Le Capitaine de Hêurelle)对其中一座保存完整的石阙作了临摹,并将其作为插图嵌入《铭文学院报告》(1910年7月,第374页)之中。

[2] 参阅迪厄拉富瓦的文章(同上);奥龙少校刊载在《铭文学院报告》上的文字(1910年10月期,第256—259页);佩特鲁奇发表在《布鲁塞尔大学杂志》上的文字(1910年4—5月期第487页)。

[3] 除了雅州府的高颐石阙和新都县的王稚子石阙之外,在四川夹江地区还有其他一些东汉时期的石阙,比如**广元**县的**益州牧杨宗**阙,**梓潼**县的**太尉尹公**阙,**侍御史李业**阙,梓潼县以东六里的**范皮**阙。洪适在《隶续》(卷十三,第8—10页)中告诉我们,在范皮阙附近挖掘出砖石,每块砖石约重十斤,上刻十余行字,其中一块砖石的文字这样写道:"嗟痛明时,**仲治**无年,结结僅孳孳,履践圣门;知辨赐张□噱孔言,宽博□约性能渊桌,带徒千人行,无遗怨予。在另一块砖石上刻着如下文字:积德未报,曷尤乾坤?茂而不实,颜氏暴颜,非独**范**子(即范皮),古今皆然。想貌睹刑列画诸先,设往有知,岂复恨焉?"(也就是说,范氏去世后,人们如此敬重他,即使他生前没有得到应有的回报,又有什么好遗憾的呢?)

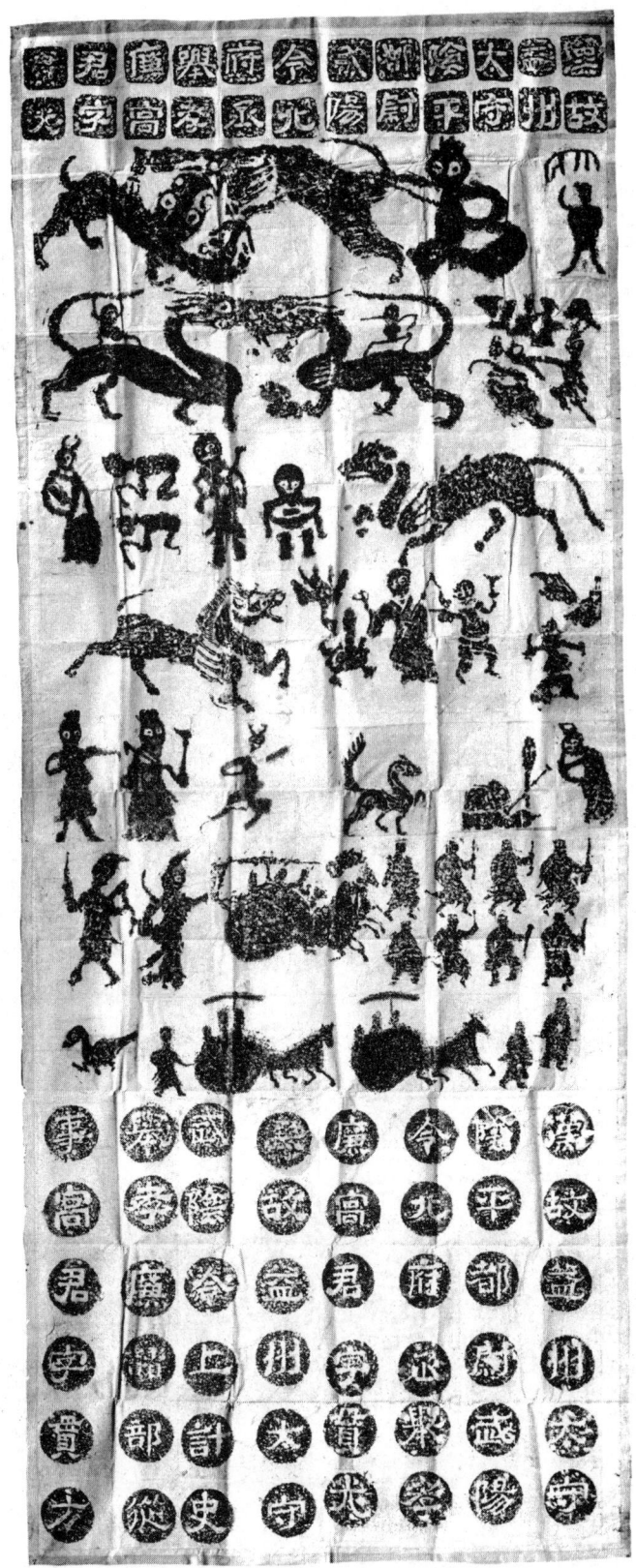

图 39 高颐（卒于 209 年）墓石阙浮雕画及铭文；拓片为赝品。这些拓片是奥龙少校转给我的

图40 高颐墓石阙上的浮雕画，拓片为奥龙少校拓制

图41 高颐墓石阙上的浮雕画，拓片为奥龙少校拓制

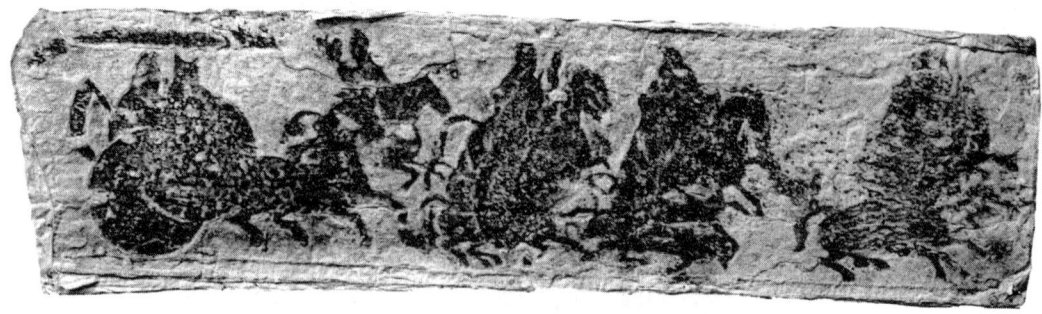

图42 高颐墓石阙上的浮雕画，拓片为奥龙少校拓制

图 43　高颐墓石阙上的浮雕画，拓片为奥龙少校拓制

图 1185　依照关野贞拍摄的照片绘制

第三节　汉代浮雕艺术及考古价值

　　墓祠石壁及石阙的立面上都雕着石刻画，我将石刻画的拓片纳入本书图谱卷里。石刻画是采用两种不同的方法雕刻的。第一种方法是阳刻，武梁祠的石刻画大多采用这种雕刻方法，画面中的影像处于同一水平面上，但却突出于空地背景约1毫米，而空地背景也呈一个平面，这种类似中国皮影画的石刻画轮廓清晰，有些画面刻得极为细腻。拓片可以把这些刻画完美地展现出来，因为宣纸能平整地铺在石壁的表面上。第二种方法是阴刻，即浮出的影像通常与空地背景处于同一平面上，但影像沿轮廓边缘逐渐向下凹去。这类浮雕石刻无法用拓片完美地呈现出来，因为拓片仅能把影像的突出部位表现出来，无法如实地展现出影像的柔韧轮廓。因此，这类拓片总是需要修饰，只有修饰过后的拓片才能印刷成书，印刷之前最好同照片比照一下。然而，虽然阴刻拓片并不完美，但它至少让我们对公元2世纪的汉代艺术有了一个明确的概念。

　　并非所有石刻画的题材都能解释得清楚，能解释清楚的可以划归为几种类型，其中最主要的有以下几类：首先是神话故事，西王母周围簇拥着三足金乌、捣药的月兔、九尾狐及其他神兽，神兽究竟起什么作用，很难定论（参阅图167、图171、图176、图1220、图1221、图1222、图1237、图1267）；还有西王母和东王公的传说（参阅图131、图75山墙和图76）；最后是雷神、北斗真君（图133第四层）、风伯（图133第一和第三层）、河伯（图130和图138）。屈原的《天问》以及王充就各种自然现象在《论衡》里所阐述的论点对于解释这些石刻画有很大帮助。

　　其次是历史故事，其中有人首蛇身或人首鱼身的伏羲和女娲，伏羲手里拿着矩，而女娲手里则拿着规（图75、图123、图134、图156）。伏羲和女娲是传说中的历史开端，随后就有了远古的三皇五帝（图75），再往后就是玉皇大帝，玉皇大帝造就江河湖海，创立了第一个王朝，而荒淫无度的桀却让王朝毁于一旦（图75）。接下来就是周文王和贤惠的正妃太姒，他们养育了十个儿子（图104第二层）。再往后就是秦始皇泗水捞鼎的故事，秦始皇花费很大力气，也没有把鼎捞出来，而神鼎恰好代表着王朝的威严（图52、图122、图148、图1266）。最后还有周公辅佐成王的故事，这段故事之所以会出现在汉代石刻画上也是有原因的：汉武帝（卒于公元前87年）在执政后期，想让大臣明白他打算立小儿子为太子，并把小儿子托付给霍光，于是他命令画工画了一幅周公背负成王朝诸侯图，"召画工图画周公负成王也"（《史记三家注》卷四十九，第6页），也许公元前87年绘制的那幅画正是东汉石刻画上反复出现的帝王托孤场景的原型。

　　其他场景可划入不同类型的题材，这些题材都是中国人耳熟能详的，其中有列女传，颂扬妇女恪守妇道的美德（图76和77第一层；图128第二层）；有孝子故事，宣传子女为长辈尽孝的感人事迹（图76和图77第二层；图128第一层；图116第二层；图1272）；还有刺客列传，在爱国激情的驱使下，刺客勇于献身，去刺杀当政帝王（图75和图76第三层）。

　　孔子及其弟子也是石刻画里常见的一个题材：其中有孔子见老子（图137、图169右侧、图1223、图1235），孔子击磬遇隐士（图143），还有其弟子排成长队的场面（图103、图105、图106、图121、图125、图141）。我们知道在178年，皇帝颁布谕旨，下令创立鸿都门学，并在学校里画上孔子及其七十二位弟子的画像（《后汉书》卷九十下，第7页）。要想画出孔子的画像，只需借鉴墓祠上的石刻画即可，我们在前文已经阐述过，文翁祠堂里孔子及其七十二位弟子的塑像也许就是所有相类似石刻画的最原始图案。

有一个题材反复出现了很多次（图77、图107、图129、图1268），但其真正含义很难确定。这个题材展现出一个生活画面：在一个上下两层的殿堂里，上层的女人席榻而坐，周围都是服侍她的女仆；下层的男人地位较高，个头也比其他人都高，前来拜访的人都在他面前俯下身来。殿堂的外面有一棵大树，大树枝繁叶茂，树下有一辆马车和一匹卸套的马。有时候，拜访主人的场景略有不同，主人坐在榻上，周围的布景也有一些变化（图150、图152、图170、图1219、图1225、图1232、图1258、图1264下侧）。

在一幅描绘殿堂的画面里，女人待在上层，男人留在下层，明显能看出画面中人物正在用餐。绘制石刻画的艺术家让我们看到整个做饭的场景，还有乐队为用餐者助兴。很多石刻画都展现了庖厨及乐队的场景（图76右下侧、图104右下侧、图149、图151、图156下侧、图158、图160、图1223、图1224、图1226、图1270），此外还有杂技艺人及舞者为节庆活动助兴的场面。

有些题材也常出现在石刻画上，艺术家描绘了打猎的场景，猎狗在追逐猎物，而狩猎者则悠闲地走着，手里拿着弓箭，或者拿着捕杀的猎物（图50下侧、图161、图162、图176、图1222、图1237和图1260）。

无论是丰盛的家宴，还是趣味盎然的狩猎活动，石刻画的雕刻者想以此来回忆死者生前的快乐生活，这是完全有可能的，但没有任何文字可以明确说明这一点。相反，无论是在石刻画最下方长长的出行队列里（图75、图105、图108、图111、图113、图114、图115、图116、图120、图121、图127、图128、图129、图135），还是在描绘战争的场面里（图109、图136、图140），逝者似乎都扮演着重要角色，因为他生前毕竟曾任太守一职。因此对于这类场景，雕刻者并没有现成的作品可以借鉴，只能把自己在当下所看到的某些场景镌刻在石壁上。

在浏览山东石刻画最常见题材之时，倘若以冥界生活的方式去解释石刻画上的题材，还真是解释不清楚，我们对此不禁感到有些惊讶。在石刻画最下方长长的队列里，依然能看到逝者身穿生前的官服走在队列当中；假如我们不这样看，那么在画面里也就找不到任何与逝者有直接关联的场景了。因此，无论采用什么样的手法，画面里都没有任何迹象能表明逝者在冥界里的遭遇，而这往往是生者所想象的命运。我们由此得出的结论是，石刻画艺术并不是墓葬艺术。[1]

因此，用石刻画作装饰的祠堂并不总是与陵墓有关联，这类祠堂有时是在逝者生前就建造好

---

[1] 或许将来有一天新发现的历史遗迹会让人从另一角度来看此问题。实际上，通过阅读《后汉书》（卷九十四，第8页）我们得知，有一个名叫赵岐的人于201年去世，享年90岁，但他"**先自为寿藏，图季札、子产、晏婴、叔向四像居宾位，又自画其像居主位，皆为赞颂。**"这一做法显然与目前已知石刻画上所展示的做法有所不同——让古代杰出人物围在自己周围，赵岐想以此来表达在极乐世界里继续与圣贤沟通的愿望。季札是吴王的弟弟，于公元前544年出使中原诸国，有关他的事迹可参阅《史记》卷三十一，法译本第四卷，第7—16页；子产又称**公孙侨**，公元前6世纪任郑国卿，辅佐郑王执政；晏婴是齐国优秀的政治家，于公元前500年去世；叔向为晋国政治家，公元前539年曾预言晋国将会灭亡，因为晋国国王犯下许多错误（参阅《史记》，法译本第四卷，第331—332页）。

的。史学家赵翼（1727—1824）[1]对此有过详细的介绍，我们在此引用他举的几个例子：公元28年元旦过后不久，有一个名叫**陈众**的人，兵不血刃，说降一大批叛乱分子，于是灊山[2]人便在其生前为他立了祠堂——"**灊山人共生为立祠**"。[3]公元66年，**任延**去世，他生前曾任**九真**[4]太守，其间做了许多有益的工作，教当地人铸作田器，垦辟农田，又为他们设立婚嫁礼法，当他离开此地，前往其他地方任职时，当地的官员和百姓为他建立了祠堂——"**九真吏人生为立祠**"。[5]永初年间（107—113），**王堂**被任命为巴郡[6]太守，那一带饱受歹徒蹂躏，王堂到任后很快就平息了乱局，恢复了社会秩序，因此便有"**吏民生为立祠**"。[7]这种做法一直延续到唐代，**狄仁杰**（630—700）曾任**彭泽**[8]县令，因其勤政惠民，当地民众为他建立祠堂——"**邑人为置生祠**"；在他担任魏州[9]刺史时，因政绩卓著，当地民众也为他建立了祠堂——"**复为立祠**"。狄仁杰去世之后，他儿子狄光昭也在魏州任职，但他贪婪残暴，百姓极为痛恨，甚至把狄仁杰的生祠也给毁掉了，"**民苦之因共毁其父生祠不复奉**"。[10]吕諲在八世纪中叶任武部侍郎，负责指挥军事行动，他的部队纪律严明，后来荆州[11]百姓为他建立生祠，他去世后，官吏们凑集十万钱将生祠迁到江陵府衙西边，"**荆人生构房祠，及殁，吏衷钱十万徙祠府西**"。[12]到宋代时期，**司马光**[13]于1084年为韩魏公[14]祠堂撰写了《韩魏公祠堂记》，通过此文我们得知，在韩魏公去世前两年，即1073年，魏人在熙宁禅院里为他建立了生祠，甚至还在那里为他雕了一尊塑像，以表崇敬之意，"**塑公像而事之**"。在此文当中，司马光还提到前朝狄仁杰的例子："由汉以来，牧守有惠政于民者，或为之生

---

[1] 《陔余丛考》卷三十二，第18页，"生祠"词条详解。

[2] 今为**潜山**县，隶属于安徽省安庆州。

[3] 《后汉书》卷四十二，第4页。

[4] 东京（即今越南河内一带）。

[5] 《后汉书》卷一〇六，第2页。

[6] 四川省重庆地区。

[7] 《后汉书》卷六十一，第5页。

[8] **湖口**以东三十里，隶属江西省九江府。

[9] **元城**以东十里，隶属直隶省大名府。

[10] 《唐书》卷一百一十五，第3—4页。

[11] 今湖北省荆州府。

[12] 《唐书》卷一百一十，第5页。

[13] 编撰《资治通鉴》及其他著作的著名史学家。

[14] **韩琦**（1008—1075）。

祠。虽非先王之制，皆发于人之去，思亦不可废也"。[1]

无论是为仁政者设立生祠，还是在墓冢前建立墓祠，其动机都是一样的，不管是哪一种情况，人们所谋求的，就是要弘扬慈善之举，为值得敬重的人歌功颂德。此人是生还是死，并不重要，如果他还活着，那么他为民众所谋得的福利就是一种保障，让他的影响力继续发挥作用，因为大家认为只要圈定一个地方，将其影响力固定在那里，即使他离开此地到其他地方任职，也能在当地长久地保持其影响力。至于已去世的人，他离开，并已转变为一个神，从而拥有神奇的力量，大家设法将此神奇的力量固定住，让它能一代代地传下去，于是便为他建立墓祠，向他表达崇敬之意。在这两种情况下，大家相信一个人的活力是可以表露出来的，即使他已从人世间消失，其活力依然继续存在，只要能给这种活力一种实实在在的依托，让它能长久地保持下去。正如我们所观察到的那样，在这些祠堂里，根本看不到任何有关死亡的设想，描绘死亡的场景自然也就不会出现在祠堂石壁上的浮雕画里。

实际上，祠堂里的浮雕画与汉代最奢华宫殿里的装饰画并无太大区别。一篇名为《**灵光殿赋**》的文学作品为我们提供了佐证。这篇辞赋是**王文考**在2世纪上半叶撰写的，王文考[2]名延寿，但这个名字并未真的让他延寿，因为他在20岁的时候不幸溺水身亡。这位年轻人周游鲁国，来到距今**曲阜**县令府邸以东两里远的灵光殿，对灵光殿赞不绝口，这座宫殿为鲁恭王刘余在公元前154—前129年所建。辞赋在当时是一种非常流行的文学体裁，作者以极为细腻的描述手法为我们完美地展现出这座富丽堂皇的宫殿，在详细描述宫殿的结构之后，他描绘了宫殿里的雕塑：

> 圆渊[3]方井，反植荷蕖。发秀吐荣，菡萏披敷。绿房紫菂，窋咤垂珠，云楶藻棁，龙桷雕镂。飞禽走兽，因木生姿。奔虎攫挐以梁倚，仡奋亹而轩鬐。虬龙腾骧以蜿蟺，颔若动而躨跜。朱鸟舒翼以峙衡，腾蛇蟉虬而绕榱。白鹿孑霓于欂栌，蟠螭宛转而承楣。狡兔跧伏于柎侧，猨狖攀椽而相追。玄熊舑舕以龂龂，却负载而蹲跠。齐首目以瞪眄，徒眽眽而狋狋，胡人遥集于上楹，俨雅跽而相对。仡欺愚以雕瞎穴，鳞颜颣而睽睢。状若悲愁于危处，憯嚬蹙而含悴。

接下来，作者又描述了宫殿里的绘画：

> 忽瞵眇以响像，若鬼神之仿佛。图画天地，品类群生。杂物奇怪，山神海灵。写载其状，托之丹青。千变万化，事各缪形。随色象类，曲得其情。上纪开辟，遂古之初。五龙比翼，人

---

[1] 有关这段铭刻的文本，参阅《金石萃编》卷一百三十八，第8页。

[2] 王文考传记的文字见其父王逸传，载《后汉书》卷一一〇上。

[3] 圆渊位于藻井的中部，系顶棚装饰的一部分。

皇九头。伏羲鳞身，女娲蛇躯。鸿荒[1]朴略，厥状睢盱。焕炳可观，黄帝唐（尧）虞（舜）。轩冕以庸，衣裳有殊。下及三后，淫妃乱主。忠臣孝子，烈士贞女。贤愚成败，靡不载叙。恶以诫世，善以示后。

王文考的描述确实极有代表性，在描写绘画的这部分文字里，我们注意到，如同石刻画里所描绘的景物那样，其中有应龙（图134），伏羲和女娲（图75、图123、图134、图156），黄帝和尧舜，他们头上戴着冕旒（图75）；还有孝子（图75、图76、图77、图116、图1272）和贞女（图76、图77、图128）以及政绩卓著的忠臣（图75、图76）。当然还有其他文字的描述，虽然这些文字表达得并不十分精确，但还是证明当时确实有这类艺术。

根据《孔子家语》的记载，孔子要去周国，观看先王留下的制度，考察作为礼仪场所的明堂；他看到四门的墙上有尧舜桀纣的画像，画出了每个人善恶的容貌；看到告诫国家兴亡的警句；还看到周公辅佐成王，抱着成王背对着屏风，面朝南接受诸侯朝见的画像，"（睹四门）墉，有尧舜之容，桀纣之象，而各有善恶之状，兴废之诫焉。又有周公相成王，抱之负斧扆南面以朝诸侯之图焉"。同样，《淮南子》（卷九，第27页）也谈到这个话题："文王周公观得失，遍览是非，尧舜所以昌，桀纣所以亡者，皆著于明堂"。当然，我们并不能由此便认为，他们所说的这些图像在孔子生活的年代里，甚至在文王时代就已存在了。再者说，这里提到文王是不是年代搞错了呢？因为殷朝的最后一个国王纣是被周武王给推翻的，而周武王是周文王的儿子和继任者。从这些文字里能得出的唯一结论是，从《淮南子》所记录的年代起，即从淮南王刘安生活的年代起，就已经有与石刻画图案相似的图像了，刘安卒于公元前122年，而流传至今的汉代石刻画大多创作于公元2世纪。

因此，墓祠石刻画与宫殿及殿堂里的装饰画并没有多大差别。墓祠石刻画就是把绘在宫殿墙壁及住宅藻井上的图案照搬到石壁上。这些石刻画并无任何特性，只是没有色彩的绘画而已，至少就其现状而言是没有色彩的，至于说石刻画在创作时是不是有颜色，我们不得而知。石刻画不但借鉴了绘画的题材，而且还沿用了绘画处理这些题材的手法。虽然这些石刻画往往显得有些粗糙，但它们却是古代遗留下来的唯一真迹，让我们由此得以猜想在公元1—2世纪汉代绘画艺术究竟是什么样子，当然我们只能凭此得出一个大概的设想，这些石刻画甚至有可能把汉代绘画艺术变得更拙劣、更粗俗，因为一方面，制作石刻画的是工匠，而非艺术家；另一方面，在石头上刻画本身就受条件限制，不可能把作品绘制得更细腻。

单就我们所看到的石刻画而言，从中至少能看到中国绘画的鲜明特点。首先，大家注意到有些题材反复出现在绘画当中，在我们所发表的这些文献当中，秦始皇泗水捞鼎的场景出现了四次（图52、图122、图148、图1206），成王及其辅政大臣出现了六次（图48、图73、图128、图147、图1224、图1262），两位士兵敲单足立式大鼓出现了九次（图49、图149、图151、图157、图158、图160、图163、图1261、图1265）。我们在此并不是责备山东的雕刻师们缺乏创意，只要对中国艺术多少

---

[1] 孔好古（August Conrady，1864—1925）先生指出（载孟斯特伯格：《中国美术史》上册，第84页），鸿荒在此被拟人化了，恰如《庄子》一书中[理雅各（James Legge）英译本，第39卷，第267页]那段著名论述所描绘的那样。

有所了解，就会发现中国艺术往往只满足于去挖掘众所周知的题材，时至今日，中国的艺术家们依然在这样做。我们可以按类别去划分中国绘画：这边有周穆王的**八骏图**，那边有**五老观图**；再不然就是，炊烟袅袅升起时，**烟艇**泊在水岸边；簌簌**秋声**让人联想起欧阳修（1007—1072）的著名辞赋，秋天的萧条景色让作者萌生悲戚的情感。[1]如同西方宗教艺术一样，中国艺术也不注重作品的个性，反倒乐于去照搬一成不变的模式。要想评价中国艺术，就要事先将类似的作品分好类别，通过对比，就能发现艺术家究竟给作品带来了哪些新颖的东西。

此外，从汉代起直至今日，中国绘画依然同文学紧密地联系在一起。中国诗人喜欢吟诗作赋，并以大量的诗篇去讴歌绘画作品，这一做法可上溯到公元前3世纪，画家同样也喜欢从文学作品里汲取灵感。诗和画结合得如此紧密，人们往往在琢磨究竟是谁在先呢——是诗人，还是画家。他们有时似乎是同时借力于对方。因此，我们认为，《列女传》倒更像是对某一朴素作品所作的率直诠释，这类朴素作品由一幅幅绘画构成，每幅绘画都有短诗作注。在武梁祠的石壁上，我们就看到刻画着列女、孝子及著名刺客的一组组图画，每幅画都有相对应的铭文解释，大家也许还记得这些带有说明文字的古代绘画，正是这些文字让**刘向**编写出《**列女传**》《**孝子传**》，让**司马迁**编撰出《**刺客传**》。

假如我们不再以艺术视角去观察这些汉代遗迹，而是把它们当作古代文明的产物，那么它们所提供的史料就具有非常高的价值。

我们始终无法对这些汉代遗迹做出精确的解释，比如在队列当中有人肩膀上扛着对折的长筒（图108上层的两个骑手；图128左下侧的骑手；图129站在房间主人身后的那个人），这究竟是什么东西呢？连中国的金石学家都不知道，我们就更不知道了。况且有些石刻画极不清晰了，画面的细节根本无法分辨出来。比如《金石索》（《石索》卷三，第26页）描绘出一个骑手，骑手脚下踩着马镫（图1201），但是当我们去比照相对应的拓片时（图77，上层有一个骑马飞奔的骑手），发现那部分石刻画损毁得特别厉害，因此我们无法断定中国人是否已在公元2世纪就开始使用马镫了。

尽管如此，在其他一些场合下，我们还是能够清楚地看到雕刻匠人想展现的东西。我们学着去认识各种各样的马车，所有的马车都仅有两个轮子，有的是敞开式的，只是在上面加一个华盖（图105、图108等），但为显赫人物制作的马车则是把华盖与车舆的四个角连起来（图105中间、图118上、图129右下）；有的是在车舆两侧加置一块支撑板，以保护乘车人（图77、图107和图129卸辕的马车停靠在树下；图131）；有的是完全屏蔽式的（图75左下、图113第二层左侧的马车、图133右下），这类马车似乎是专为女人配备的，但也不尽然，老子乘坐的也是这样的马车（图137右侧）；还有的是专门用来运送行李和仆人的，车上装着木制门拱，门拱上覆盖着席子（图75右下、图76中间靠下、图113第二层和第三层上的马车）。人们有时也会给牛套上车，让牛去拉车（图76），但通常都是让马去拉车，大部分情况下，一辆马车只套一匹马（图108等），但也有套两匹的（图46上侧、图77右上、图137左下），甚至还有套三匹马（图131下侧）或四匹马的（图45

---

[1] 《史记》法译本第五卷，第456页，第24—25行，这里应该把"赋书"改为"赋诗"，此为上海出版社的编辑错误。

左上、图1232下侧）。马的鞍辔由一个半圆箍或一个项箍组成，缰绳从项箍中间穿过去（图108），以便于向上拉拽缰绳来驾驭马匹。尽管项箍是与辕木两端连在一起的（图107），但项箍本身并不是用来拉马车的，它的主要作用似乎是为了撑住缰绳，并防止马车前倾，还能引导辕马朝右或朝左走。将一条宽皮带从马的前胸绕过去，并系在辕木的两端，马就是仰仗这条皮带拉动马车的，然后再把其他一些绳带套在马脖子、腹部及臀部上，并用这些绳带把宽皮带固定住，套在马臀部的皮带可以驾驭马倒退（图108，宽皮带是用虚线刻画的）。[1] 马尾巴通常都扎成一束，马鬃给剃成毛刷状。马鞍子都呈弯弓形（图111和图113左侧的马）。

最常见的武器首先是剑，士兵将剑背在身后，剑柄朝下（图104第二层右侧、图148第二层右侧的士兵），剑柄上有一个环，环上系着用两条绸带做成的剑穗（图109、图136）。戟上也系着绸带穗子，看上去连外观都略有改变（图75左下、图118右上、图131中下）。弓（图50）和弩（图109右上）都是投射兵器，我们看到士兵们是如何借助双脚的蹬力拉开弩弦的［图109右上、图1207（拓片看得不是很清楚，《金石索》里有一幅图弥补了这个缺陷，但不知何因，却将弩改画成了弓）］。说实在的，历史文献总会提到蹶张弩，要不是亲眼看到这幅图画，单从字面上看，很难理解这是一种什么样的兵器。在防御型武器方面，我们看到了盾、图109和图136展示了两种类型的盾，图190展现的是另一种类型的盾。

在狩猎方面，最常用的工具是一种长柄猎网（图161左下、图162、图167右下、图1222）。猎人出去打猎时，总会带着猎狗和猎鹰[2]（图50下侧，左起第四人；图1222）。猎人最喜欢打的猎物是兔子和鹿，但有时候，猎人也会去捕杀凶猛的野兽，比如用长矛去猎杀老虎（图50中下）、野猪及貘（图132下侧）。

然而，猎物并不是中国人的主要食物，石刻画里常有做饭的场景，我们由此得知，中国人尤其喜食鸡、鱼和猪肉，猪头和猪腿是最贵重的部位（图76右下、图117和图122左下）。在石刻画上常常会看到有人在支架上放一块筛布，让水分从筛布里慢慢渗下去，流到下面的水盆里（图158中间靠下、图160、图163、图1223、图1224、图1226），他究竟在做什么呢？我们不得而知，只不过豆腐的制作过程倒是和画面所展现的场景很相似。为了把食物烹熟，人们便使用灶台，图117所展示的灶火非常清晰，我们看到灶台上放着一个敞口的釜，上面盖着釜盖，前面还有一个小水罐，水罐里露出一只勺子。劳费尔先生对中国的丧葬陶器很有研究，他的研究确认了这一点，因此这个画面也就不难理解了。[3]

在宴会上，有乐师和杂技艺人为宾客助兴，乐师所用的乐器主要有琴、箫、梆笛，还有一种类似夹板的乐器，靠两块夹板震动发声（图151右上、图156、图160）。但大部分乐师只是靠击掌来打拍子（图117上、图122一层左侧）。还有我们在前文提到过的单足立式大鼓，这种大鼓放在乐队以外的地方单独演奏。在杂技艺人当中，有演杂技的（图49、图163、图104三层右侧、图122左上），也有演手技的，比如抛球表演（图49、图151、图160），还有舞姬，她们挥舞着长袖，尽情地跳着优美的舞蹈（图149、图156、图158、图

---

[1] 勒夫布尔·德·诺艾特少校就古代鞍辔撰写了专著，此书即将出版，他的论述是最有权威性的，只可惜在本文发表之前，我未能借鉴这位同行的研究成果。

[2] 有关这个话题，可参阅劳费尔在其《中国汉代陶器》（第233—234页）所做的详解。

[3] 劳费尔：《中国汉代陶器》，第85—87页。

163、图1239左下）。

无论是在宴席上，还是在其他场合里，汉人还没有开始使用椅子。只有重要人物坐在木榻上时，背后有一个凭几［图118（待在屋子里的那个人）、图128第二层（那个抱着孩子的女人）］。有时候，他们跽坐在地上，面前摆放着一张"几"，这张几被拿来当腕托用［图129（屋内那个人正向朝他鞠躬的客人讲话）、图150、图170、图1219］。

他们采用了一套装置把水从水井里汲上来，这类打水装置如今法国依然在广泛使用。水桶系在桔槔绳索的一端，另一端绑一个配重，在把空水桶放入井底时，要用力把配重提上来；当水桶灌满水，向上提时，可以节省一半的力气（图76和图104下侧）。

我们还应研究一下石刻画中形形色色的人物身着的服装。不过，我们在此确实碰到很大的困难，根本看不清楚服装究竟是怎么做的，比如大家可以看一看文王及正妃太姒的服装（图104第二层左侧），只有通过头饰才能把他们和众人分辨出来，女人的头饰上带有棕叶图案，男人都戴着礼冠。不管怎么说，妇女的服饰还是做得极为讲究，石刻画上频现女子照镜子的场景足以印证这一点（图77右上、图114第一层右侧、图129上一层中间女子的右侧）。

假如我们能够亲眼看到汉代的绘画，那么这些绘画也许会揭示出更多的细节，因为石刻画是无法完美地展现这些细节的。

我们对山东汉代石刻画的考古价值做了一个简单的概述，但绝不敢说是想详尽地探讨这个话题，对中国古代艺术了解得越透彻，就越能更好地评价这些历史古迹所留下的丰富资料，不过要想从这些资料里挖掘出它所包含的全部信息，还要耐心等待科学取得突破性的进展，让我们得以用石刻画所展现的实物去和破损的石刻画做比照。

现在我们就来看一看汉代浮雕的铭文，先从最古老的铭文入手，即从登封县几座石阙上的铭文着手去探讨。

第二章　登封县石阙

第一节　太室阙
第二节　开母阙
第三节　少室阙

第一节　太室阙（公元118年）

登封县位于河南省中西部，中岳嵩山南麓。公元695年，女皇武则天**登**上中岳嵩山，为纪念成功登顶，**封**禅中岳，特将此县命名为登封县。古人对山峰的崇拜之情由来已久，从汉代时起，祭拜山神的礼仪活动更是层出不穷，除了有据可查的历史文献之外，那两座石阙（图1）就是实证，石阙如今依然耸立在中岳庙前，中岳庙位于登封县城以东八里远的地方。这两座石阙始建于公元118年，是为祭祀太室山神而建，所谓太室山就是中岳嵩山，而石阙则是太室神祠的外大门，太室神祠就相

图1　太室阙的两座石阙

当于现在的中岳庙，但那时候，神祠的规模要小得多，而且更靠近石阙[1]。

两座石阙坐北朝南，图1右侧的石阙是东阙，左侧的石阙是西阙，两阙相距7米左右，每座石阙宽208厘米，厚69厘米，高279厘米，此高度不含阙顶，阙顶的高度为40厘米。图1蹲在西阙顶上的中

---

[1] 石阙北面有两尊石雕人像，但几乎完全埋入泥土里，这两尊雕像也许是和石阙建于同一年代，在其中一个石雕人像冠顶，中国金石学家辨认出一个"马"字（参阅翟云升的《隶篇再续》绪论，第6页），待中国允许考古挖掘那一天，让这些人物雕像重见天日会非常有意义。

图 2　太室阙西阙北面

图 3　太室阙西阙南面

图 4　太室阙东阙北面

图 5　太室阙东阙南面

国人是我雇来的，我让他帮我清扫石阙，在他的衬托下，也能估摸出石阙的尺寸。东阙没有题铭，西阙朝南的那一面（图3，从下往上数第六层石；图10）有一题**额**，阳刻九个**篆**书汉字，分列三行，具体排列如下：

	3	2	1
	□	室	中
	□	阳	岳
	□	城	泰

题额最后三个字被抹掉了，究竟是哪三个字，我们不得而知，但是在看过刻在石阙南面的铭文之后，我们得知此阙是由**阳城县长**为祭祀嵩高山神而建造的，嵩高山神就是**中岳太室崇高**，这副题额的意思应为："中岳泰室阳城崇高神"。

在西阙的北面，隐约能辨别出一则很长的铭文（图2，与南面题额同高），铭文采用**八分书**，分列二十八行（图6，仅复制前二十六行，因后两行文字已全部损毁），每行九个字，只有第三行为十个字。铭文（图1186）很难看得清，经中国学者刻苦研究，大部分铭文得以再现出来。[1]

图 1186

---

[1] 有关登封县几座石阙上的铭文，大家可查阅以下一些金石著作：赵明诚的《金石录》（卷十六，第11页），林侗的《来斋金石刻考略》（卷一，第13页），叶奕苞的《金石录补》（卷四，第6页），景日昣的《嵩岳庙史》（卷四，第3页），景日昣的《说嵩》（卷十四，第3页），刘青藜的《金石续录》（卷一，第2页），吴玉搢的《金石存》（卷四，第1页），褚峻和牛运震的《金石图说》（刘世珩刻本版卷一，第22页），洪亮吉和陆继萼编纂的《登封县志》（卷三十，第2页），顾炎武的《金石文字记》（卷一，汉代部分），毕沅的《中州金石记》（卷一，第1页），翁方纲的《两汉金石记》（卷九，全书），王昶的《金石萃编》（卷四，第2页），严可均的《铁桥金石跋》（卷一，第6页和第8页），洪颐煊的《平津读碑记》（卷一，第4页和第17页），陆耀遹的《金石续编》（卷一，第3页），刘世珩的《金石跋》（卷一，第4—5页）。

铭文原文

　　○惟中□□□崇高[1]神君，蒙□□□，休[2]气最纯。春生万物，肤寸起云。润施源流，鸿蒙沛宣。并天四海，莫不蒙恩。圣朝肃敬，众庶所尊。斋诚奉祀，战栗尽勤。以颂功德，刻石纪文。垂显□异，以传后贤。

　　元初五年四月（公元118年），阳城[3]□长、左冯翊[4]万年[5]吕常[6]始造作此石阙，时□□□。

　　○颖川[7]太守京兆杜陵[8]朱宠，[9]丞□夏□陵□□监。府掾□□□□□。丞河东临□□□□，临□张嘉，□□□□史□远，□□□□乡三老[10]严寿，[11]□□□□佐石副垂崇高亭长苏重时监。少阳翟平陵亭部阳陵[12]格、王孟功[13]……

---

[1] 这里"崇"字是"嵩"字的古写法，"崇"字在公元前110年仍在使用，直到公元176年，或者是在公元175年才改用"嵩"字。第一行缺失的三个字应该是"**岳太室**"。

[2] 部分金石著作在隶定这个字时略有不同，我倾向于《说嵩》（卷十四，第3页）和《登封县志》（卷三十，第2页）所隶定的"**休**"字，而未选用《金石萃编》里的"**岱**"字，"**岱**"或"岱山"与这段文字没有任何关联，这是我和王昶唯一有争议的地方。

[3] **阳城**位于登封县城西三十五里，阳城后面缺失的字应为"**县**"。

[4] **左冯翊**为行政区名，官府设在陕西**高陵**县城西南。

[5] **万年**位于陕西**临潼**北面五十里。

[6] 《登封县志》（卷三十，第5页）指出，"吕常"一词是顾炎武考证得出的，这个词应读作"**吕营**"，但我们手中的拓片极不清楚，很难判断究竟该用哪一个词。

[7] **颖川**郡相当于比禹州略小的城市，禹州隶属于河南省开封府。

[8] **杜陵**是**京兆尹**的直辖县，位于**咸宁**县的东南部。

[9] 在开母阙那一节里，我们将详细介绍这个人物。

[10] 三老是赋予每个县德高望重老人的名号，这些老人分上寿、中寿、下寿，但都在80岁以上。

[11] 在开母阙铭上，这个人物又以**将作椽**的名字出现，这也许是官方匠人的称号。

[12] 我查不到这句话的具体意思，只好把它们当作地名来看。**阳翟**隶属于颖川郡，而颖川则是比**禹**州略小一些的城市；**平陵**隶属右扶风，距今**咸阳**县（陕西省西安）西北十五里；**阳陵**隶属左冯翊，距咸阳县东四十里。

[13] 除了阙北面这段铭文之外，在西阙的南面（图3，从下往上数第五层石块）还有很长一则铭文的遗迹，刻于延光四年（公元125年），但铭文漫漶极甚，很难辨认出来，翁方纲和翟云升分别在《两汉金石记》（卷九，第3页）及《隶篇再续》（绪论，第2页）里对这则铭文做了解读。在此阙的另一个截面上，还刻有这样几个字：**嘉庆十三年阮元来观阙**。大家知道阮元（1764—1849）对碑铭很感兴趣，并与毕沉合作撰写了《**山左金石志**》。

图6 太室阙镌刻在西阙北面上的铭文

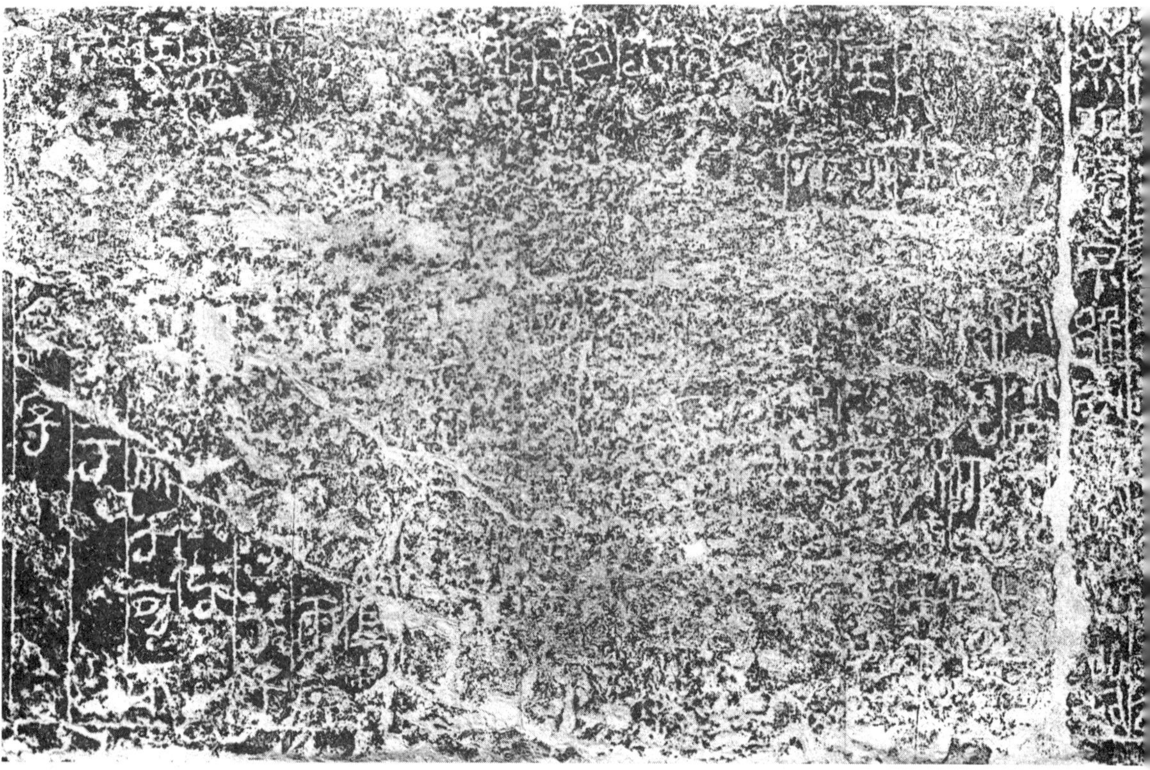

图7 太室阙镌刻在西阙南面上的铭文

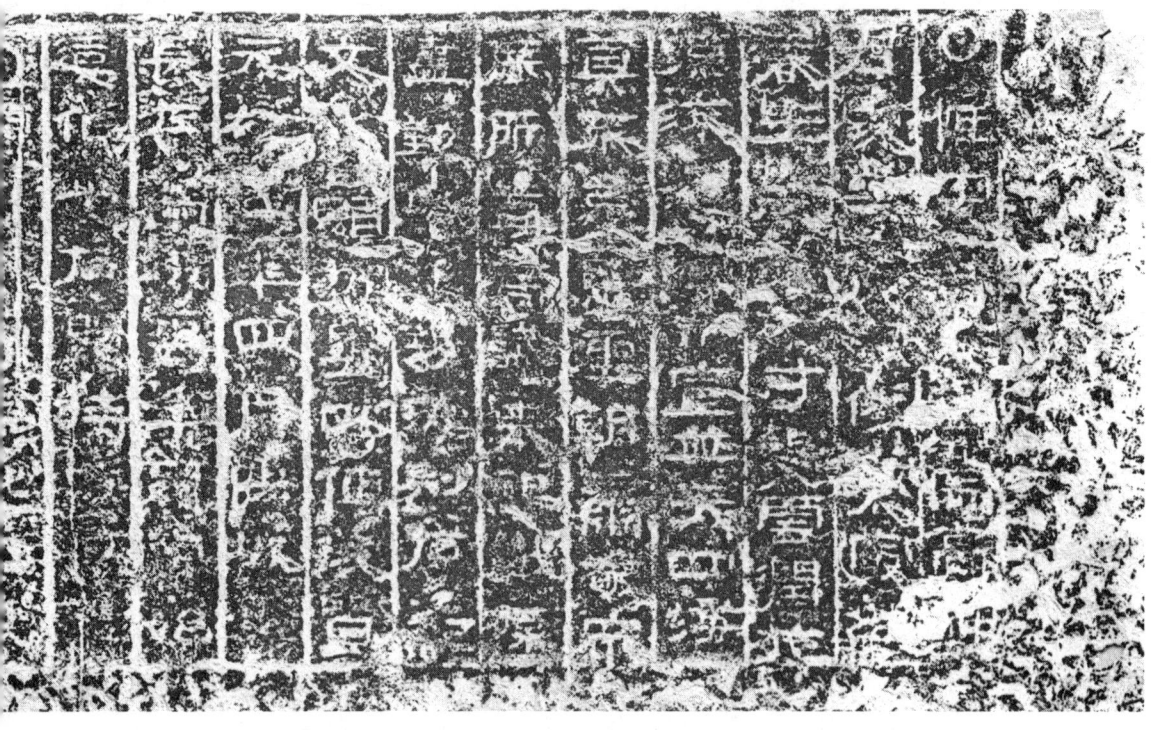

正如大家所看到的那样，这段铭文明确告诉我们，太室阙始建于公元118年。石阙上的浮雕及铭文也应该是在那一年镌刻的。虽然经历了将近一千八百年的风风雨雨，但这些浮雕画还是保存得相当完好，不过要想把它们完美地拓下来，并不是一件容易的事。浮雕画的表面非常粗糙，宣纸会粘在石块上，往下揭的时候，宣纸又容易被撕破了；此外，浮雕画为半圆雕，在拓制人物浮雕时，人物的中心及边缘会弄得漆黑一片，而拓片露出的空白处又过宽，拓片无法真实地反映出浮雕画的原貌。而且，浮雕的背景与画面中的人物处在同一平面上，在拓制时，背景也会变得黑乎乎的，整个画面看起来很混乱，没有层次。因此，为了把登封县石阙的拓片发表出来，我只好对拓片做些修补，否则大家什么也看不清。

登封县石阙上的浮雕与山东省同一时代的石刻画有较大的差别。石阙上的浮雕主要是起装饰作用，而不是为了刻意去表现某种特定的场景，画面更倾向于去展现美满的装饰图案，因此，画面上的人物造型往往显得整齐匀称，好似几何图形，比如有些浮雕画就用带条纹的菱形图案来作背景（图8和图12第四层石）；再比如太室阙顶上最高那层石块上雕刻的圆形线条（图2—图5）；又比如东阙南面石块上雕刻的套在一起的圆环（图5第五层石）。有的石块上还雕刻着人物和动物，但他们都是单独刻在石块上，仅仅起装饰作用，除了美学因素之外，很难解释还有什么具体的含义。我们把浮雕上的羊首（图12和图5第一层石）、豹子（图13和图2第五层石）、飞鸟[1]（图11和图5第四层石）、螭龙（图8和图4第二层石）、马车（图9和图3第三层左侧石）都拓制下来，这些拓片足以让我们对汉代艺术的价值做出评价。

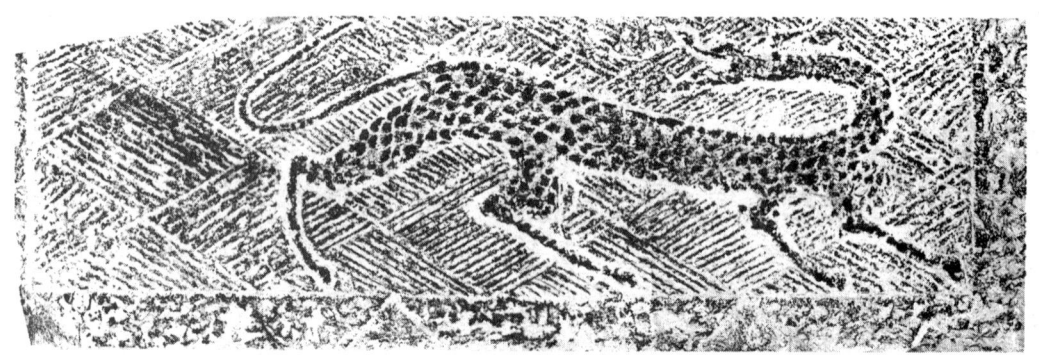

图8　太室阙浮雕画

---

[1]　这幅飞鸟浮雕图修补得有误，图11摆放的位置也不对，应该把这幅图画转一下，让鸟头朝上。把鸟的假爪抹掉，让鸟呈栖息状，栖息在弯曲鸟爪后面的一只爪子上。

图 9　太室阙浮雕画

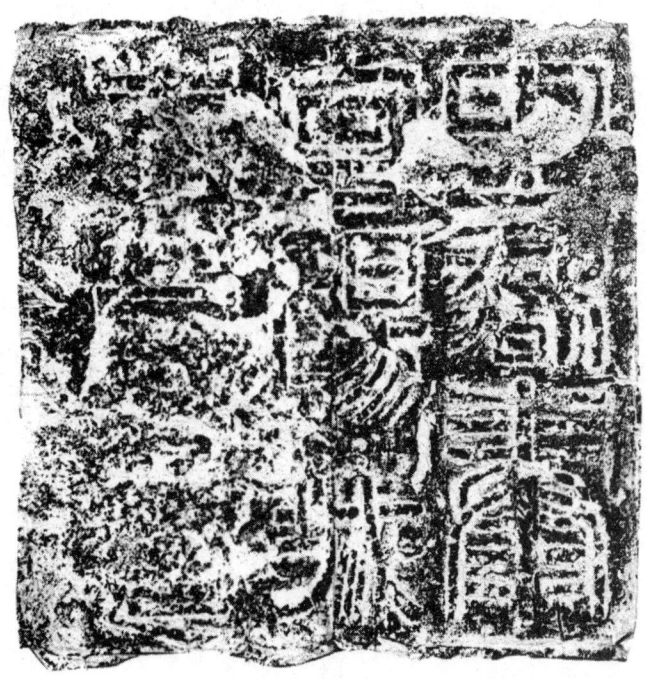

图 10　太室阙铭文

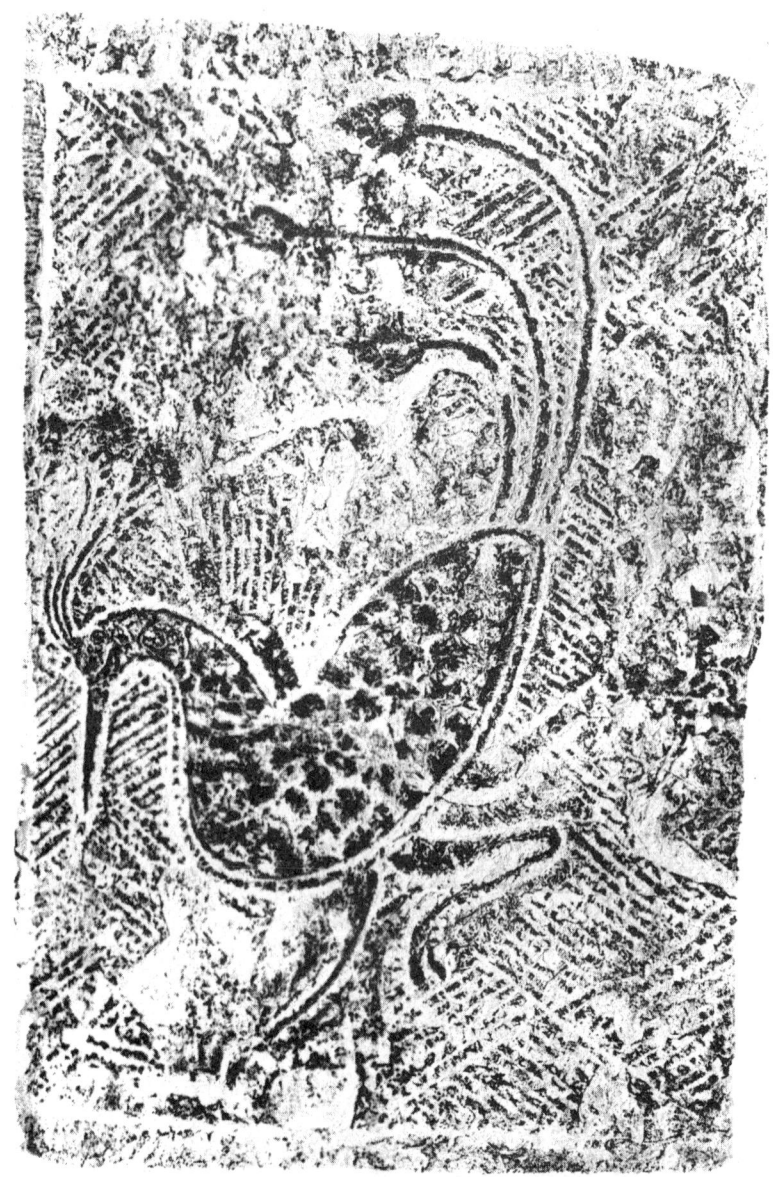

图 11　太室阙浮雕画

图12 太室阙浮雕画

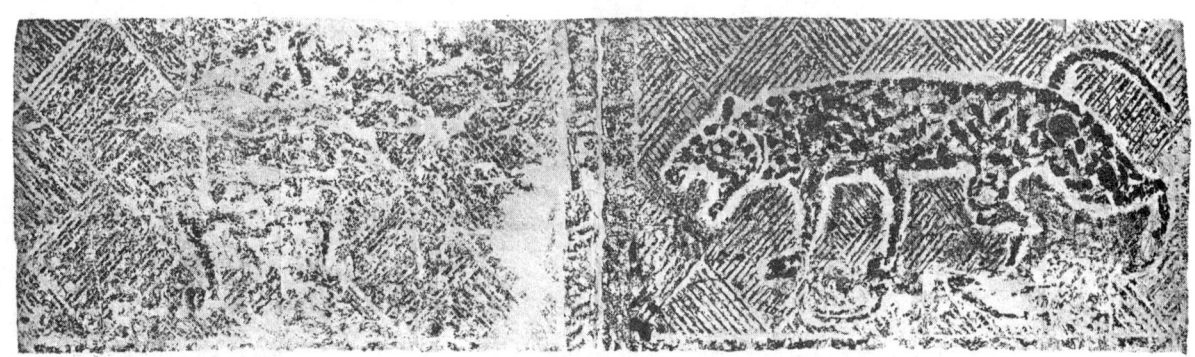

图13 太室阙浮雕画

图14　开母阙的两座石阙

图 15　开母阙西阙北面和东面

图 16　开母阙西阙南面

图 17　开母阙东阙北面

图 18　开母阙东阙南面和西面

第二节　开母阙（公元123年）

　　大禹是夏朝的创立者，他的儿子名叫**启**。汉代时，因汉景帝（前156—前141年在位）的名字也叫启，为避讳故将"启"字改为"**开**"字。始建于公元123年的石阙恰好处于汉代，大禹儿子的名字自然也就只能用"开"字，而不能用"启"字了。

　　历史上有一个关于大禹妻子的传说，她就是"启"的母亲，历史学家颜师古在解释此传说时，却称引自《淮南子》，但是在《淮南子》一书里根本就找不到有关该传说的描述：大禹忙于治理洪水，以拯救遭受洪灾威胁的帝国，他跨越轩辕关，从偃师县来到登封县。为了尽快在轩辕山打出一条疏洪通道，大禹化为一头神力无比的大黑熊。在上山治水之前，他和妻子约定："我想让你给我送些吃的东西，以击鼓为号，只要听到击鼓声，你就把吃的送上山来。"然而，大禹在搬动一块大石头的时候，不小心碰到了皮鼓，听到鼓声之后，身为涂山王女儿的妻子赶紧带着食物跑上山，结果看到化身为黑熊的大禹，她大惊失色，慌忙夺路而逃。跑到嵩山脚下时，她变为一块大石头，因她已怀有身孕，而且大禹已经给未出生的孩子起名叫"启"，于是大禹对着石头高声喊道："还我儿子。"石头的北侧应声而裂，启便由此诞生了。

　　这块裂开的石头就是启的母亲，此石如今在距登封县城北十几里处依然能够看到。从公元前110年起，这块石头一直是人们膜拜的圣物，甚至连汉武帝都颁布诏书，声称曾亲临现场去见那块大石头。[1] 传说让启母石变成一块神石，同时也赋予它一种传统的道德意义，启的母亲也被塑造成女性的道德典范，甚至连《列女传》都在颂扬她的事迹。在汉代时，人们在启母石旁建造了一座庙宇，一条神道直接通往庙宇，神道的外大门耸立着两座石阙，这两座石阙一直保留到今天，这就是启母阙，它们始建于公元124年。

---

[1] 据《前汉书》（卷六，第9页）记载：元封元年（前110），武帝亲临缑氏县，并颁布一份诏书："朕用事华山，至于中岳，获□交麃，见夏后启母石。翌日，亲登嵩高，御史乘属，在庙旁①吏卒咸闻呼万岁者三。登礼罔不答。其令祠官加增太室祠，禁无伐其草木。以山下户三百为之奉邑，名曰崇高，独给祠，复亡所与。"

① 护送皇帝出巡的随从官都待在庙旁，他们听到高山向皇帝三呼万岁，可这座庙究竟在什么地方呢？在这一点上，《前汉书》与《史记》的说法略有不同，《前汉书》（卷二十五上，第13页）称"**从官在山上**"；但《史记》（卷二十八，第13页）则认为"**官在山下**"。《史记》的说法应该更可信，因为后人在听到山神高呼万岁的地方建造了**万岁宫**，此宫如今名叫**崇福宫**或**洪福宫**，坐落在登封县城北十里处，这里距离启母石并不远。应当说在公元前110年，太室庙或中岳庙距离启母石很近，随从官就是在庙旁听到神奇的高呼万岁声的。但是到了公元2世纪，整个布局都发生了变化，因为建在启母石旁的启母阙距登封县城北十里地，却与太室阙隔得很远，太室阙建在现今中岳庙前，距登封县城东八里地。

683年，**崔融**[1]将启母的事迹写入一篇碑铭中。我们知道在682年，唐高宗[2]很想去封禅中岳，于是便下令在嵩山南麓修建了**奉天宫**，第二年农历正月初一（683年2月2日），他亲自前往新建好的奉天宫，并派遣使者到当地的庙宇，尤其是去启母庙祭祀。[3]于是崔融便接受皇帝谕旨，在永淳二年（683）元月撰写了**嵩高山启母庙碑铭**。原始石碑已荡然无存，但铭文却得以保存下来，录入《**正统道藏**》[4]之中，在登封县志里也能看到这篇铭文。[5]

开母阙在登封县城北十里，位于**崇福宫**西侧，紧挨着这座道观，崇福宫现在又称**洪福宫**。开母阙坐北朝南，图14展示的是石阙的北面，在这张照片上，我们看到远景是一片平原，在最远的地方有一条灰蒙蒙的天际线，能隐约看出登封县城的房屋、城墙和树木。两座石阙的间距为7.3米，西阙宽208厘米，厚68厘米，高234厘米，这个高度不包括阙顶，阙顶的高度为40厘米；东阙的大小尺寸与西阙的完全相同，但东阙已深深地埋在土里了。

在西阙石壁上（图15），有一篇很长的**篆体字**碑铭，把北面第四层和第五层石表面都给占满了，铭文在阙东侧面收尾。在铭文的结尾处（图19），还刻着一轮圆月，兔子正用石臼捣药。这段碑铭以及少室阙上的碑铭是汉代遗留至今的唯一的篆体字真迹——比汉代更古老的篆体字，就是秦始皇东巡登泰山和沂山时留下的石刻，但石刻仅有拓片流传后世，拓片残缺不全，况且真伪难辨，而原始石刻早已不知去向，因此开母阙及少室阙碑铭就是流传至今的最古老的篆体字样板。规范篆书的第一部字典《说文》是在公元100年完成的，但只是在121年才呈送给皇帝，直到雕刻开母阙碑铭的123年，这部著作并未产生多大效用，因此在开母阙和少室阙的碑铭上出现许多错别字也就不足为奇了。一方面，这些错别字很难懂，另一方面，这也表明**许慎**想以编撰《说文》来规范汉字的任务该多么紧迫。

开母阙铭文（图19）分为三个部分：第一部分铭文（图1187）全部都刻在第四层石块上，第四层石块要比第五层石块略微向外突出一些，这是一篇功德铭文，上刻资助者的姓名。铭文分列十行，每行七个字，只有第三行为六个字。这段铭文的下面就是第一篇铭文（图1188），主要讴歌大禹和他母亲，[6]这是一篇四言颂文，分列十六行，前十二行每行十二个字，最后注明铭文刻成于延光二年（123）。第二篇铭文（图1188）是后来添加上去的，或许是在124年雕刻的，铭文每句六言，分列十二行，每行十二个字，颂扬了汉代国富民强的繁荣景象。

---

[1] 有关崔融的传记，可参阅《旧唐书》卷四十四。

[2] 作者在此将唐高宗误写为唐太宗。——译注

[3] 《旧唐书》卷五，第8页。

[4] 在明朝版《正统道藏》第八分册里有一个"不"字。

[5] 《登封县志》卷十，第8页。《古今图书集成·神异典》（卷五十二，第11—14页）也收录了这篇铭文。

[6] 作者在此可能出现了笔误，应该是大禹的夫人、启的母亲，否则这座石阙就不会被称作启母阙了。——译注

图 19　开母阙镌刻在西阙北面和东面上的铭文

○○○開母廟興
○神道闕時大守
○○朱寵丞零
陵泉陵辥政五官
掾陰林戶曹史夏
效監掾陳脩長西
河圉陽馮寶丞漢
陽冀祕俊掾趙
穆戶曹史張詩將
作掾嚴壽佐左福

图 1187

图1188

○○○防百川柏㨗構迩
○○○原洪泉浩浩下民震驚
○○○功疏河寫元九山甑旅
○○○丈爰納江山牟癸之間
三○○入寶勤斯民同心濟阢
○○○正杞繒漸替文遺亂泰
聖漢福亨於兹渦神鴉彼飛雉
○○其庭原祥待瑞靈支挺生
○○○化陰陽穆清與雲降雨
○○○寧中一不歇比性乾坤
福祿來扳相肩我君千秋萬祀
子子孫孫表碣銘功昭朕後昆
○○○木連理於芊條
○延光二年　　　　　　　重曰
○○○作屏德洋溢而渾優
○○○政則文燿以消搖
○○○胙日新而累熹
○○盛而會朝
○○○化咸來王
○○○清靜九域少其脩治
○○○祈福祀聖母庫山隅
神○享而飴釐我后以萬祺
於○樂而周栳永歷載而保之

开母阙铭文

　　□□开[1]母庙，兴□神道阙，时太守□□京兆朱宠，[2]丞零陵泉陵薛政，五官掾阴林，户曹史夏效，监掾陈修，[3]长西河圜阳[4]冯宝。丞汉阳冀秘俊，廷掾赵穆，户曹史张诗。将作掾严寿，佐左福。[5]

前铭

　　□□□□[6]，范防百川。柏鲧称遂，□□□原。洪泉浩浩，[7]下民震惊。□□□功，疏河写元。九山甄旅，□□□文，爰纳涂山，辛癸之间。[8]三□□入，[9]实勤斯民。同心济

---

[1] "开"就是指大禹的儿子"启"。

[2] 在太室阙西阙的铭文里，此人已经出现过，我们得知他是京兆杜陵人，因此也就知道那两个缺失的字就是杜陵。另外，通过郦道元的《水经注》我们得知，朱宠还在**箕**山为贤人**许由**建造了一对石阙（如今已荡然无存），箕山位于今登封县城东南（有一点需要指出，许由的墓是建在另一座箕山旁，此山位于山西省平陆县城东六十里，参阅《山西通志》卷一百七十四，第21页）。在登封地区，朱宠一直在竭力推动文化设施的建设，为名人树碑立传。他还是一个很重要的人物，在汉安帝时代任大司农，因替邓骘辩护而得到升迁，邓骘是汉和帝皇后的哥哥。建光元年（121），因遭受诬陷有谋反之意，邓骘被逼迫自杀身亡，朱宠闻讯后敢于挺身而出，为邓骘辩解，他深知这样做可谓大逆不道，会招来杀身之祸，于是便脱光上衣，抬着棺材上朝，向皇帝进谏。脱光上衣是便于刽子手砍掉他的脑袋，随后把尸首装到棺材里。下面这段文字（《后汉书》卷四十六）就记述了他的进谏举动：大司农朱宠痛骘无罪遇祸，乃肉袒舆榇，上疏追讼骘曰："伏惟和熹皇后圣善之德，为汉文母。兄弟忠孝，同心忧国，宗庙有主，王室是赖。功成身退，让国逊位，历世外戚，无与为比。当享积善履谦之祐，而横为宫人单辞所陷。利口倾险，反乱国家，罪无申证。狱不讯鞫，遂令骘等罹此酷滥。一门七人，并不以命，尸骸流离，怨魂不反，逆天感人，率土丧气。宜收还冢次，宠树遗孤，奉承血祀，以谢亡灵。"宠知其言切，自致廷尉，诏免官归田里。这件事发生在121年，恰好是在建造太室阙（118年）和开母阙（123年）之间那段时间。

[3] 少室阙铭文没有写**监掾陈修**，而是改写为**监庙掾辛述**。

[4] 在此阙铭文、少室阙铭文及《后汉书》郡国志里都用了"圜阳"两字，但这个字写错了，应该是**圁阳**。

[5] 少室阙铭文没有写**佐左福**，而是改写为**佐向猛赵始**。

[6] 在功德铭之后，就是这篇前铭，全铭为四言颂文，讴歌大禹治水的功绩，并祈求苍天保佑汉朝。

[7] 大家都知道大禹的父亲鲧，受命去治理洪水，但未能完成使命。参阅《书经·尧典》篇。

[8] "辛癸之间"是一个省略句，全句应为辛壬癸甲，这句话是借用了《书经·益稷》里的文字，在那段文字里，大禹说他"娶于涂山，辛壬癸甲"，意思是说，他娶了涂山之女后，只在家里待了四天，便到远方去治水，而且一走就是好多年。

[9] 参阅《孟子·滕文公上》（理雅各英译本，第二卷第127页）："禹八年于外，三过其门而不入"。

阢，[1]□□正。杞缯渐替，[2]又遭乱秦。圣汉福亨，于兹冯神。翩彼飞雉，□□其庭。原祥符瑞，灵枝挺生。[3]□□□化，阴阳穆清。兴云降雨，□□□宁。守一不歇，[4]比性乾坤。福禄来返，相肩我君。千秋万祀，子子孙孙。表碣铭功，昭视后昆。□□□□，延光二年（123）。[5]

后铭

□□□以作廱，德洋溢而溥优。□□□□政，则文耀以逍摇。[6]□□□□时难，皇极正而降休。□□□□颖，芬兹楸于圃畴。□□□□，木连理于千条。[7]□□□□盛，胙[8]日新而累熹[9]。□□□而□化，咸来王而会朝。□□□□清静，九域[10]少[11]其修

---

[1] **同心**这句话似乎表明，这里引出一个新的人物，如果我的推测是准确的，这个人就是大禹的夫人，启的母亲，而这两座石阙的后面正是启母庙。

[2] **杞**是夏朝时的一个诸侯国，夏朝是由大禹创立的（参阅《史记》法译本第四卷，第183页，杞国的王子们都视为大禹的后裔）。杞字后面的那个**缯**字让许多学者感到困惑不已，王昶（《金石萃编》卷六结尾部分）认为这个字是"**鄫**"字的别体字。鄫国宣称自己是夏朝的一个诸侯国，鄫国的王子们也同杞国的一样都姓姒。在《史记》卷二的结尾部分，司马迁列举了夏朝姒姓的几个分封诸侯国，其中就提到了杞氏和**鄫**氏。如果这个解释成立的话，那么这句话的意思是，作为禹的后裔，杞国和鄫国的王子们先后被消灭，接着秦朝统一了中国，让中国发生了翻天覆地的变化。但是到了汉朝，大禹的神灵再次赢得了人们的敬重和称颂。

[3] 要想解释这句话，就要把"**枝**"字读作"**芝**"字，此外，把"**挺**"字读作"**梃**"字。

[4] 意为对汉代一直抱有好意。

[5] 接下去就是第二篇铭文，后铭为六言颂文，颂文也押韵，但不知诗韵是如何排列的，比如**熹**、**治**、**祺**与**之**押韵；**朝**、**隅**与**格**押韵。铭文颂扬汉朝，感谢神灵保佑，让汉朝呈现出国泰民安的繁荣景象。

[6] **消摇**如今写为**逍遥**，但消摇的写法也是对的，因为依照《释文》的解释（引自《中州金石记》），在校订《诗经》时，人们就发现《诗经》也有相同的写法。

[7] 我们知道，中国人认为树枝长在一起是一个好兆头。在《后汉书》当中（卷五，第9页），我们看到在延光三年（124），"颖川（太守）上言木连理。白鹿、麒麟见阳翟"。此段文字显然就是在说这件事，但是依照《后汉书》的记载，此事发生在124年，而铭文上写的是123年，这两个时间怎么能对应起来呢？这个问题确实让人困惑不已，我猜测123年是指前一铭文的镌刻时间，因第二年出现了《后汉书》所记载的奇迹，颖川太守便在铭文后面又添加了一篇铭文，以纪念这一事件。这两篇铭文并不是在同一年镌刻的，若真是在同一年镌刻的，反倒让人感到奇怪了，因为后铭起补充说明的作用，必然要晚于前铭。

[8] **胙**应理解为**祚**。

[9] 这里**熹**字与熙字通用。

[10] 九域就是古代中国的九州。

[11] 此处少的意思是**辍**，但这个解释有待商榷。

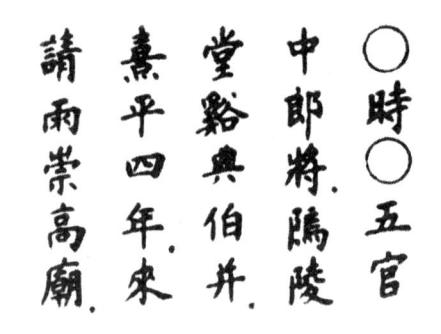

图1189

治。□□□□祈福，祀圣母[1]厚山隅。神□亨而饴格，厘我后以万祺。于□乐而罔极，永历载而保之。

在这篇铭文的下面，还有一篇用**隶书**体镌刻的铭文，铭文明显分为两部分。前半部分（图1189）如今已几乎完全残泐，我无法将其制成拓片，铭文是这样写的：

□时□五官中郎将，鄢陵堂豀典伯并，熹平四年（175），来请雨嵩高庙。

这位名叫堂**豀典**的人对我们来说并不陌生。《东观记》证明此人确实曾到嵩高庙求雨，虽然《东观记》在记载此事年代上有误，将他前来嵩高庙记成熹平五年（176）。此外，通过阅读《后汉书》（卷九十下，第4页），我们得知，堂豀典与**蔡邕**及其他人联名向皇帝奏请正定《六经》文本，要将古代经典文字镌刻在石碑上。堂豀典也确实积极投身到这项事业中，因为他的名字出现在一篇石经公羊碑铭上，公羊（高）曾对《春秋》做过详细的阐释，洪适的《隶释》（卷十四，第8页）将已残泐的碑铭收录下来，让我们得以看到这段文字。

铭文的后半部分也是用隶书体镌刻的（图1190），但保存得更好，我们得以把它拓制下来（图21），只有结尾部分看不清。铭文是堂豀典为颂扬他父亲而撰写的，通过这段铭文我们得知，123年镌刻在石阙上的那篇篆体字铭文就出自堂豀典父亲之手。我们来看堂豀典是如何讲述他父亲的：

典大君讳协，字季度，自为郡主簿，作阙铭文，后举孝廉，[2] 西鄂[3] 长，早终。叙曰：

．

---

[1] 此指启母，启母庙就建在这个地方。

[2] 根据皇帝在公元83年发布的诏书，具有**孝廉**之心的人被纳入州郡政府要选拔的人才行列（参阅《后汉书》卷四，第3页）。

[3] **西鄂**县是河南省南阳郡南面的一个县。

图 20 开母阙浮雕画

图 21 开母阙镌刻在西阙北面上堂谿典所撰铭文

典大君諱协
字季度自為
郡主簿作闕
銘文後舉孝
廉西鄂長早
終叙曰於惟
我君明允廣
淵學兼游夏
德配藏文殁
而不朽寶有
立言其言惟
何○○○○

图 1190

图 22 开母阙浮雕画

于惟我君,明允广渊,学兼游夏[1],德配臧文[2],殁而不朽,实有立言,其言惟何?[3]……

参照修补过的拓片,我把石阙上的石刻画复制下来,这些复制的石刻画有:图20(参阅图18,石阙南面右侧的石阙柱头):两个守护神护着一只四足兽,四足兽耳边长着一只犄角,犄角末端卷成圆球,这和武梁祠石刻画(参阅图83)上的麟十分相似,因此我们看出这是一只麟。图22(参阅图18,石阙西面的柱头):一个男子骑在一只雄鹿上,左右各有一只牝鹿。图23(参阅图15右下图案):两个图案中间有一条螭龙,图案呈黑桃尖状,这两个图案也许是用单线勾勒出的大树(参阅图63第三层)。图24(参阅图17第五层石右侧):有两匹马拴在大树上,其中一匹马尥起蹶子来。图25(参阅图15第二层石右侧,在画着螭龙图案那层石的上方):一个男子在蹴鞠,另外两个男子坐在地上聊天。图26(参阅图16第五层石):一个用三环绘成的装饰,一条绸带从三环当中穿过,绸带穿过三环的方式很像用环扣把衣服下摆系在腰间的方法(参阅图346)。

---

[1] 子游名言偃,子夏名卜商,两人都是孔子的弟子。

[2] 孔子在《论语》(第五章,第17段和第十五章,第13段)中两次提到臧文(仲),但孔子似乎并不赏识这个人。

[3] 后面的文字就看不清楚了。正如我们所看到的那样,铭文提到堂谿典于175年来高高庙求雨一事,他为父亲所撰写的铭文也很清楚,但问题后来又被中国金石学家们给搞复杂了,因为《先贤行状》里有一段话给他们带来一定的影响,《后汉书》先后两次引用这本书的片段(《后汉书》卷九十下,第4页和卷九十四,第2页)。根据《先贤行状》记载,堂谿典字子度,或季度,任西鄂长。此书显然把堂谿典和他父亲给弄混淆了,他父亲名堂谿讳,字季度,是西鄂长。我们没有必要就这个小错误浪费太多的笔墨。

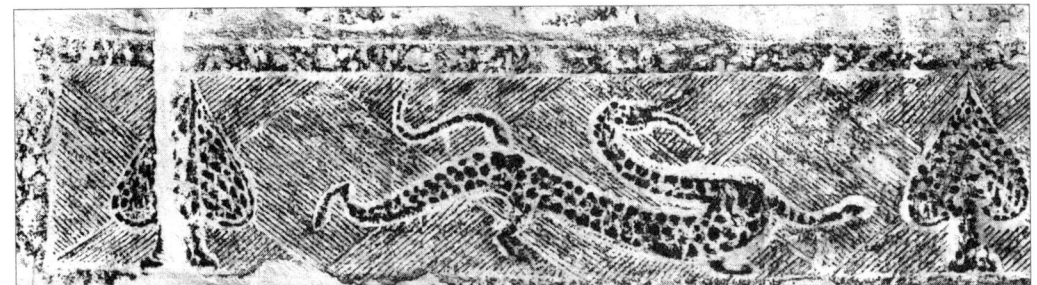

图 23　开母阙浮雕画

图 24　开母阙浮雕画

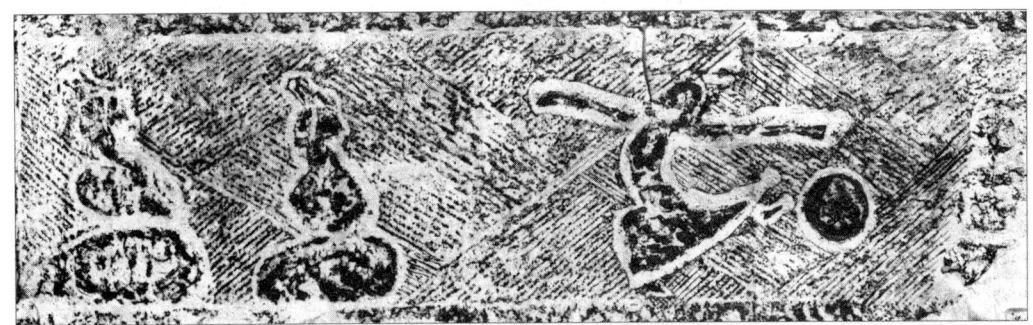

图 25　开母阙浮雕画

图 26　开母阙浮雕画

第三节　少室阙

图 27　少室阙西阙北面

图 28　少室阙东阙北面

图 29　少室阙东阙南面

出了轩辕关之后，沿着大路往前走上百十来步，在大路的右侧就是少室阙（图27—图29），再往前走三里路，就来到一个名叫**邢家铺**的村庄，这里位于登封县城西北方，距离县城有十里地。少室阙面朝**少室**山，少室山位于嵩山河谷南端，而**太室**山则位于河谷北端。少室阙的方位不像另外两座石阙那么清晰，我们已在上文介绍了另外两座石阙。少室阙西阙明显朝北部倾斜，而东阙则朝南部倾斜。

两座石阙的间距为7.3米，西阙的具体尺寸是这样的：底座高31厘米，底座上的阙身向内缩进23厘米，阙身九层石块的总高度为270厘米，支撑阙顶的柱头高度为35厘米，阙顶高度为40厘米左右。

少室阙的后面就是少室庙，少室庙究竟是为哪方神圣建造的呢？乍一看，我们有可能会说，既然太室庙是为祭祀太室山神或中岳山神建造的，少室庙也就应该是为祭祀少室山神而建造的。不过，这一推论似乎只是建立在预先的猜测上，因为太室和少室的名字确实分别意味着大房和小房，名字的起源似乎也和太室阙及少室阙后面所建造的石头神殿有关。因此，紧邻两座神殿的山峰也就分别被称作太室山和少室山。从那时起，太室庙被用来祭祀太室山神或中岳山神，但没有任何证据能证明少室庙是用来祭祀少室山神的。

永淳元年（683）腊月，**杨炯**撰写了一篇铭文，[1]题为"少室山少姨庙碑"，这篇铭文称"少姨庙者则汉书地理志崇高[2]少室之庙也"，"其神为妇人像者则故老相传云启母涂山之妹也"。

少姨被认作是启母的妹妹，对少姨的崇拜是与对启母的崇拜密切相连的，而崇拜启母可以上溯到很久远的古代。实际上，《前汉书》（卷二十五下，第6页）所说的武夷或许就是指少姨，《前汉书》提到"**武夷夏后启母石**"。

8个世纪过后，对少姨和她姐姐启母的崇拜更是有增无减，除了683年镌刻的两篇碑铭之外（我们在前文已经提到这两篇碑铭），我们还有另外一个证据：696年，为实现丈夫唐高宗生前的夙愿，女皇武则天去嵩山封禅，并奉嵩山为神岳，尊嵩山神为中天王，尊山神夫人为灵妃。女皇还将新封号赋予当地的圣贤：尊……**夏后启为齐圣皇帝。封启母神为玉京太后。少室阿姨神为金阙夫人。王子晋为升仙太子。**[3]这段文字告诉我们，这些山神和圣贤在登封县深受人们敬重和喜爱：首先是中岳，人们不但为中岳修建了庙宇，而且还建造了两座石阙，接下来是启母，人们总是把她和她儿子联系在一起，开母阙（=启母阙）就建在传说中的启母石旁。距离开母阙稍远些地方，就是被人称作阿姨或少姨的女神之地，人们把她的名字与少室山联系在一起，少室庙前耸立的石阙就是少室阙。最后还有天

---

[1] 碑铭如今已佚失，但文本依然得以保存下来，现载于《登封县志》卷十，第10页。杨炯于永淳元年腊月以及崔融在永淳二年（683）元月所撰写的碑铭似乎都是值皇帝在永淳二年正月初一御驾嵩高山山脚下时创作的。

[2] 《前汉书》卷二十八上，第9页，在崇高（县）这两个字的后面（崇字还是古写法，即宗字上放一个山字），《前汉书》补充道："武帝置，以奉太室山，是为中岳。有太室、少室山庙"。

[3] 《旧唐书》卷二十三，第5页，及拙作《泰山铭文》，第200页。

图 30　少室阙碑题：少室神道之阙

室神，人们为它镌刻了一块很大的石碑，不过石碑已被推倒，散落在轩辕关南面的荒山上（图761和图762）。

还是让我们回来继续研究少室阙吧。

少室阙西阙的北面（图27第九层石中间）用篆体镌刻着"**少室神道之阙**"几个字。

西阙的南面也曾有一篇很长的铭文，但除了结尾的几个人名外，大部分铭文如今都已漫漶不清（图31）。如果不算人名那段文字，铭文本身分列二十一行，每行八个字，镌刻在第八层和第九层石

图 31　少室阙镌刻于 123 年的铭文

［图1191］

块上。只有第十六、十七、十九、二十和二十一行的最后四个字保存下来（图1191的前六行字），单凭这几个字，很难看出这篇铭文的意思：

第十六行字：□□□□蕺林芝，

第十七行字：□□□□绵日月而，

第十八行字：□□□□

第十九行字：□□□□三月三日，

第二十行字：□□□□郡阳城县，

第二十一行字：□□□□兴治神道。

第十九行的前四个字很有可能说的是年号，鉴于碑铭所镌刻的人名与我们在启母阙上所能分辨出的人名几乎相同，因此可以说，少室阙应该是与启母阙在同一年建造的。这样，第十九行的前四

个字就应该是**延光二年**，由此我们可以这样说，少室阙是在延光二年（123）三月三日竣工的。

在第二十一行的后面，铭文留下一行空白，接着就是建造石阙资助者的名单（图1191，第7—20行），不过由于这份名单是镌刻在石阙第八层石块上，而这一层石块又比第九层石块向外突出一些，因此这段铭文每行只有四个字，全文仅有十四行，其中十一行刻在石阙的南面，另外三行刻在石阙的西面，铭文的后面刻画着一轮圆月图案，一只兔子正在捣药，还有一只蟾蜍（图31）。铭文的排列及随后的图案与启母阙西阙的图案极为相似。下面是少室阙西阙的资助者名单：

君[1]丞零陵、泉陵薛政、五官掾阴林、户曹史夏效、监庙掾辛述、长西河圜阳冯宝、丞汉阳冀秘俊、廷掾赵穆、户曹史张诗、将作掾严寿、庙佐向猛赵始。

如果我们仔细观察东阙，就会发现东阙的北面（图28，第三层石）也有一篇很长的铭文，但仅有前四行的各六个字保存下来（图32）。铭文似乎也是在注明资助者的名字和他们的职位，这段铭文残泐极甚，我难以做出详细的解释。

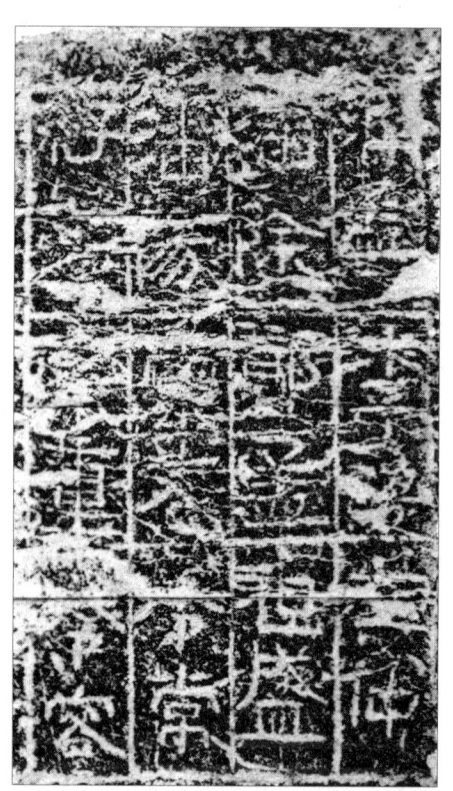

图32　少室阙铭文

---

[1]　《金石萃编》认为**君**的前面缺少一个字，但我无法核实这一说法是否准确，一是时间过去这么久，我有些记不清了；二是石阙南面的照片没有拍好。

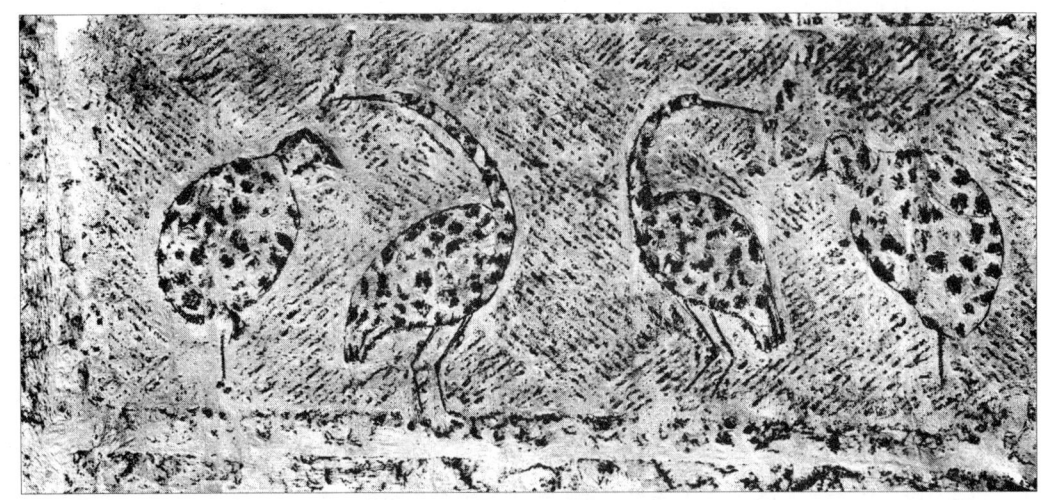

图 33　少室阙浮雕画

图 34　少室阙浮雕画

这两座石阙上的石刻画也被损毁得很严重，保存最好的石刻画就是阙顶下面那层石块上的图案。后文提到的所有图案都是镌刻在这层石块上的。

图33（参阅图29，阙石西面）：两只仙鹤各朝另一只短嘴鸟转过头去。

图34（参阅图29，阙石南面）：两只仙鹤各用爪子按住一条鱼，并用长长的尖嘴去啄鱼头，两只仙鹤面对面而立，中间有一个很怪异的图案，很像山东武梁祠石阙上的图案（图70）。这个图案似乎源于青铜瓮的装饰：一个虎头嘴里叼着一只吊环，在青铜瓮的两侧各设一个叼着吊环的虎头，吊环当作把手，用来抬青铜瓮。仿照青铜瓮的装饰做成陶土罐时，那个真吊环就被拿掉了，换成一个浮雕图案（参阅劳费尔的《中国汉代陶器》图44，第三幅图案），随着时间的推移，这个图案就越来越具有装饰意味，将此图案镌刻到石阙上时，它就变成一种十分简单的装饰，但其最原始的意义已消失殆尽。

图35（参阅图28，阙石北面）：一个人正朝身后的动物射箭，《金石图》的作者认为那是一只**独角兽**，因为这个动物头上有一犄角。这个人右手举着一根铁吊钩，这是赶象人常用的工具，他面前恰好有一头大象。接下来就是狩猎的场景：一个人骑着马在追杀一只牝鹿，牝鹿转过头，以躲避射过

图 35　少室阙浮雕画

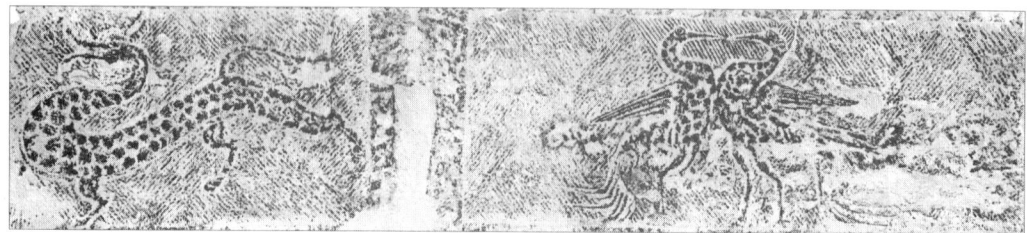

图 36　少室阙浮雕画

图 37　少室阙浮雕画

图 38　少室阙浮雕画

来的飞箭，一位弓箭手骑在马上，正在它前面转过身搭弓射箭。[1]汉代的许多陶器上都有弓箭手骑马转身搭弓射箭的图案，劳费尔认为这个图案带有来自土耳其或西伯利亚影响的痕迹（参阅劳费尔的《中国汉代陶器》图48、图49、图50、图51）。

图36：两只鸟相互对峙。一条螭龙从旁边游过。

图37（参阅图27，第八层石右侧）：一条虬龙在一个羊首前张着大嘴喘气。我们在图12里已经看到羊首被拿来作装饰图案。

图38（参阅西阙东侧图案）：一只猎狗在追一只野兔，但野兔画得不太像。

登封县石阙上为什么会镌刻这类石刻画呢？从目前我们所掌握的知识看，还很难做出合理的解释。在与其他古遗迹上的石刻画做出对比之后，我们对石刻画所展现的场景有一个比较清楚的认识。目前我们仅满足于把它看作一种特殊形式的装饰艺术：首先，它把圆形或菱形几何图案与人或动物形象结合在了一起；其次，它总是将图案对称地排列在一起（参阅图20、图22、图24、图33、图34），有时看上去更像是一种纹章（参阅图36、图37）；最后，它有一股非常活泼的动态感和生活气息（参阅图13、图25）。

---

[1] 在狩猎场景的后面，刻着几个汉字，是一位参观者在同治九年（1870）三月刻下的。

第三章　孝堂山石祠

第一节　石祠外景
第二节　陇东王孝感颂铭文
第三节　八角石柱题铭
第四节　石祠后壁的两块石板
第五节　两侧石壁
第六节　三角石梁

第一节　石祠外景

图44　孝堂山石祠

孝堂山石祠是唯一保存完好至今的汉代祠堂。此外，虽然石祠的建造年代并不十分明确，但后来镌刻在石壁上的铭文或石刻画还是给后人指明其大概的建造年代，让人最终相信它建造于129年。因此，无论是从悠久性，还是从完整性看，孝堂山石祠都非常值得考古学家们去关注。[1]

　　石祠建在一座小山岗上（图827和图828），山岗名叫孝堂山，正是因为孝堂祠建在山岗顶上，此山才被称作孝堂山，我们在后文将会看到，这座石祠是为一个模范孝子建造的。在孝堂山西边一里处，有一个名叫**孝里铺**的小村庄。这个小村庄位于山东省**肥城**县东北部，距离县城有六十里，但从孝里铺到县城都是连绵起伏的群山，从济南府直接到小村庄来反而更方便。[2]

　　石祠被放入一所小房子里，这是寺庙里的一所房子，将石祠放到房子里显然是出于保护的目的，不过这所房子也用来存放谷物和草料，房子里没有照明，仅靠正门射进来的一丝光线照亮，这样就很难对石祠进行拍照。我只把石祠南面的中间部位拍摄了下来（图44），菲舍尔（Aldolf Fischer）则把石祠南面西侧部位拍摄了下来（参阅《通报》1908年，第583页）。

　　同武梁祠堂相比的话，孝堂山石祠还是相当大的，我们在后文将介绍武梁祠堂。孝堂山石祠屋顶长452厘米，由于很难做出这么长的单块巨石，于是便把屋顶做成坡顶，每个斜坡上各放一块长220厘米至230厘米、厚24厘米的石板，石板模仿盖瓦屋顶，在图44上可以看到两块石板是如何衔接的。屋顶下的八角石柱要支撑三角石梁前端的重量（图51和图52），三角石梁的后端落在后墙石壁上，它的作用就是分担斜坡屋顶上两块巨石的重量，并让两块巨石能很好地衔接在一起。石祠的后墙也是由两块石板组成的（图45和图46），在图46的左上方可以看到石板上做出的凹槽，支撑屋顶的三角石梁后端就落在凹槽里。石祠左右两侧的墙壁各由一块石板构成（图47和图50以及图48和图49），每块石板宽232厘米，高224厘米，此系从地面直到三角石梁顶的高度。在石祠南面每根过梁的端点处，都设一根八角石柱，在图44上，我们看到过梁穿过来落在中间那根石柱上，在两端石柱突前的位置上，放了一块狭长的石板，用于支撑屋檐。石祠的前面设了一道半人高的胸墙（图44），有这道胸墙在外面挡住，根本无法看到石祠里面，如果事先不知道的话，即使从石祠前走过，也绝想不到石祠的墙壁上镌刻着浮雕画。

　　走出石祠的护房之后，转到这座建筑物的后面，在寺庙围墙的外面，就能看到那座和石祠相对应的墓冢。墓冢坐北朝南，与后面埋葬死者的坟丘隔开一定的距离。日本学者关野贞最终弄清楚这个布局，并画了张草图，刊载在《国华》杂志上（第十九卷，第225期）。既然现已证实祠堂都建在墓地前，也就不会同墓地混淆起来，那么这座墓冢又做什么用呢？在对孝堂山石祠仔细研究之后，我们就会找到答案了。这座石祠被认为是给一个名叫郭巨的人建造的，不管这种看法是正确，还是错误

---

[1] 许多金石著作都对孝堂山石祠做过研究，其中有阮元和毕沅合编的《山左金石志》（卷七，第5页）；有王昶的《金石萃编》（卷七，第1页），此文只是把《山左金石志》的描述复述了一遍；有冯云鹏和冯云鹓编辑的《金石索》（《石索》分册一，前24页）；还有洪颐煊的《平津读碑记》（卷一，第23页）。

[2] 1907年6月13日下午1点，我离开济南府，晚上在**杨家台**过夜，这里距离孝堂山还有四十里路。第二天早晨4点15分，我动身前往孝堂山，路上经过**苏庄**和**翟家庄**，最终在下午2点20分抵达孝里铺。

的，人们不但把郭巨描绘成一位成年男子，而且还让他带有孩子般的稚气（图44）。实际上，他是因行孝才出名的，因此有必要去展现他孝敬父母的举动，这就是为什么在带着满脸稚气的郭巨雕像前还要再放一个牌位，上面写着："**郭孝子巨神位**"，旁边另立一个牌位："**郭太公神位**"。由此我们可以得出这样的结论：墓地分成两部分——一部分是墓冢，是死者躯体安息的地方；另一部分是墓祠，是死者灵魂的栖息之地，在这里人们为死者放上一个牌位，有时会放一尊雕像，让亡灵也有一个寄托。石壁上的浮雕画就是为了重新塑造一个孤独的亡灵，将死者生前所喜欢的历史场景或道德伦理展现出来，让他去回想自己一生当中美好的记忆。

传统看法认为孝堂山石祠是为郭巨建造的，郭巨虽然不太被人熟知，但也是一个出名的人物。有关郭巨传说的故事起源于刘向的《孝子图》，我根据干宝的《搜神记》[1]来引用这个故事：郭巨生活在汉代，虽然家境贫寒，但还是尽力去赡养母亲。后来妻子生了一个儿子，待儿子长到三岁时，要是抚养这个孩子，势必会减少供养母亲的口粮。一边要尽孝赡养母亲，另一边要尽到做父亲的责任，面对这双重选择，郭巨没有犹豫。他决定把亲生儿子活埋掉，于是便动手去挖坑，在挖到三尺深时，突然发现一坛黄金，上书"天赐郭巨，官不得取，民不得夺"。有关郭巨的文字记述基本上都是在讲这段轶事。

不过我们在一篇碑铭里发现了新的线索，现在还是让我们一起去研究这个新线索吧。

---

[1] 在《搜神记》的所有版本里都找不到这段文字。亦可参阅《太平御览》（卷四一一，第280页），这段文字也说是引自刘向的《孝子图》。

第二节　陇东王感孝颂铭文[1]

在石祠西墙外壁上,有一篇很长的铭文,镌刻于570年。铭文分列二十四行,每行十七个字,均为隶书体字。第二十五行字体略小,看起来像是后加上去的,最后还有四行更小的字,是在735年补刻的。

铭文最上面有一个用篆体字写的标题:"**陇东王感孝颂**"。我们是通过《北齐书》(卷四十八,第2页)认识这位陇东王的,他名叫**胡长仁**,是**武成皇后**的哥哥,武成皇后的儿子后来当了皇帝,被人称作**后主**。铭文列举了陇东王所担任的职务,而历史文献也印证了这些说法的准确性。根据《北齐书》有关后主纪年表的记载,天统四年(568)五月,胡长仁由右仆射擢升为左仆射,同年十月他又被任命为尚书令。但只有这篇铭文注明,陇东王于武平元年(570)初被任命为齐州刺史,在前往齐州赴任的路上,他停经孝堂山。胡长仁在此职位上似乎只做了很短一段时间,因为在同年四月,在暗杀政敌的计划失败后,他被迫自杀[2]。

图 55　孝堂山石祠陇东王感孝颂铭文(刻于 570 年)

---

[1] 有关陇东王感孝颂铭文,大家可以查阅:梁玉绳的《志铭广例》(卷一,第43页),阮元和毕沅合编的《山左金石志》(卷十,第9页),王昶的《金石萃编》(卷三十四,第4页),洪颐煊的《平津读碑记》(卷三,第7页),李富孙的《汉魏六朝墓铭纂例》(卷四,第8页),刘世珩的《金石跋》(卷二,第16页)。

[2] 《隋书》卷二十二,第11页。我不知道为什么钱大昕(见《金石萃编》卷三十四,第4页)要援引《隋书》的文字来证明陇东王是在武平四年(573)去世的,在我看来,这位知识渊博的学者也许在这里疏忽了吧。

陇东王感孝颂铭文

惟夫德行之本，仁义之基，感洞幽明，扰驯禽兽。清音带冰而挺洁，[1]素采映雪[2]而流辉。根矩[3]定于一九，丘吾[4]绝于三失。

开府仪同三司、[5]尚书右仆射、尚书左仆射、尚书令、摄选、新除特进、使持节、齐州刺史、陇东王胡长仁，雌黄[6]雅俗，雄飞戚里，[7]入膺北斗[8]，执柄端衡，[9]出牧东

---

[1] 意为美德似冰晶一般纯洁。

[2] 这里雪也表示纯洁无瑕的意思。

[3] **邴原**，字**根矩**，于208年去世。在《三国志》（《魏志》卷十一，第8—9页）裴松之注版本（429年）里，注释者讲述了一段有关邴原的轶事，陇东王感孝颂铭文在此也是暗指这段轶事：太子燕会，众宾百数十人，太子建议曰："君父各有笃疾，有药一丸，可救一人，当救君邪，父邪？"众人纷纭，或父或君。时原在坐，不与此论。太子谘之于原，原悖然对曰："父也。"太子亦不复难之。邴原率直的答复被看作是孝子的表现。

[4] 丘吾的故事是《说苑》（卷十，第13—14页，见1791年重刻版之《汉魏丛书》）讲述的，但大家都认为这段故事最早是**刘向**（前80—前9）撰写的。这个故事有必要全文译成法语，因为故事所阐述的思想发人深省：孔子行游中路闻哭者声，其音甚悲，孔子曰："驱之！驱之！前有异人音。"少进，见之，丘吾子也，拥镰带索而哭，孔子辟车而下，问曰："夫子非有丧也？何哭之悲也。"丘吾子对曰："吾有三失。"孔子曰："愿闻三失。"丘吾子曰："吾少好学问，周遍天下，还后吾亲亡，一失也。事君奢骄，谏不遂，是二失也。厚交友而后绝，三失也。树欲静乎风不定，子欲养吾亲不待；往而不来者，年也；不可得再见者，亲也。请从此辞。"则自刎而死。孔子曰："弟子记之，此足以为戒也。"于是弟子归养亲者十三人。

[5] 有关开府和三司的具体官职，可参阅伯希和（Paul Pelliot）发表在《法国远东学院学报》上的文章（第三卷，第667页），还可参阅维西埃发表在《穆斯林世界杂志》上的文章（第四卷，1908年2月，第340页）。

[6] **雌黄**本是一种矿物质，在此有"修改、纠正"之意，因为人们用雌黄膏来修改印刷错误，《**梦溪笔谈**》（卷一，第6页）里有一段文字讲述了雌黄的这种作用："馆阁（三馆、秘阁，凡四处藏书，然同在崇文院）新书净本有误书处，以雌黄涂之。尝校改字之法：刮洗则伤纸，纸贴之又易脱，粉涂则字不没，涂数遍方能漫灭。唯雌黄一漫则灭，仍久而不脱。古人谓之铅黄，盖用之有素矣。"

[7] 查阅《康熙字典》所引用《**正韵**》之解释，"**里**"这个字告诉我们，根据汉代的规矩，长安城特为皇帝的母系、妻系家族成员开辟几处豪宅大院，司马迁将这些人称为"**外戚**"，"**戚里**"就是指京城里面的这几处贵族豪宅大院。这里的意思是，凭借其功绩，陇东王要比京城的贵族们更显赫。

[8] 我认为这个词应该读"**北斗**"，而不应像《山左金石志》所标示的那样，读成"**北升**"。

[9] 意思是说，他掌管着地方政府的领导权。

秦，[1]总条连率[2]。未脱崔林之屐，聊褶贾琮之襜，[3]视听经过，访询耆旧。郭巨之墓，马鬣[4]交阡；孝子之堂，[5]鸟翅衔阜。君王爱奇好古，历览徘徊，妃息在傍，宾僚侍侧。壁[6]疑秦镜[7]，炳焕存形；柱识荆[8]珉，寂寥遗字。所以敛眉长叹，念昔追远，遂若羊公登岘，还同处墨饮泉。[9]慨贤胜之多弊，嗟至德而无纪。兰溪傥不见松，谷城何以知石？[10]于时开

---

[1] 山东省是古代**齐**国的所在地，齐国有时也被称作"**东秦**"，在春秋战国时期，齐国是东部强国，而**秦**则是西部强国。

[2] 在《礼记·王制》篇（顾赛芬法译本第一卷，第270页）里，"连"字是指十个公国，其首领为"帅"，在这段铭文里，**连率**似乎应当就是**连帅**。

[3] **贾琮**在公元2世纪中叶去世，他生前因做官廉洁奉公而闻名（《后汉书》卷六十一，第7页）。但关于**崔林**这个人，我却没有找到任何介绍文字（《山左金石志》把他写为佳林）。但这句话的意思还是很清楚的。铭文作者在此想表明，在未到达目的地之前，陇东王在此停歇，以拜谒郭巨墓，作者把陇东王比作走马上任的贾琮和崔林，这两个人都是出名的清正廉明的官员，这句话的意思是，陇东王暂时收起营帐，脱掉旅行靴子，好在此停留一段时间。

[4] 孔子的弟子们为孔子所修建的墓冢就呈马鬣状。参阅《礼记·檀弓》[顾赛芬（Couvreur Seraphin）法译本第一卷，第179页]。

[5] 此指本祠堂，陇东王铭文就镌刻在这座祠堂的墙壁上。

[6] 此指镌刻着浮雕画的郭巨石祠墙壁。

[7] 神奇的秦镜不但能映出照镜者的身形，还能照出人的五脏六腑。参阅《通报》，1906年，第102页。

[8] 荆为旧省名，相当于湖北省和湖南省的一部分。

[9] 作者在此所暗示的内容我查不到出处。

[10] 我认为已找到此字的谜底了。"松"字在此是指长生不老的神仙，神仙还有一个名气更大的绰号："**赤松子**"。这位神仙其实就是皇初平，东晋时代人，在浙江**金华**北部的**兰溪**县，有一座**赤松山**，在听到皇初平的呼唤声之后，一块块石头瞬间变成一群山羊。另外在《史记》卷五十五第1页上，我们看到有一个神秘的老人送给**张良**一本兵书，并告诉他，十三年后在**谷城山下**会看到一块黄石头，这块石头就是老者本人。十三年过后，张良来到那个地方，果然见到一块黄石，于是便把黄石保护起来，时时常去膜拜。张良最终想离开凡人世界，去追随赤松子修炼成仙（《史记三家注》卷五十五，第5页）。因此，我们可以这样说，假如张良事先没有接受过赤松子所代表的道教教义，那么他也就绝对认不出谷城山下那块黄石就是神仙的化身。由此可以得出这样的结论：要想去关注那些值得注意的东西，就有必要事先对此有所了解，因此应该为前来拜谒郭巨墓的游人撰写一篇铭文。作者在此要表达的就是这层意思，但他完全可以表达得更简洁一些。

府中兵参军梁恭之，盛工篆隶，骑兵参军申嗣邕，微学摛藻，并应命旨，俱营颂笔。[1]以大齐武平元年正月廿二日，权舆雕莹，表建庭宇，[2]栋刻苍文，檐栽翠柏。庶令千叶之下，弥振金声，[3]九原之中，恒浮玉树。[4]

其词曰：

天经地义，启圣通神。重华[5]曾[6]闵，[7]莱子[8]乐春[9]。时多美迹，世有芳尘。[10]前汉逸士，河内员人。[11]分财双季，独养壹亲。[12]客舍凶舁，[13]儿埋福臻。[14]穹隆感异，旁薄贻珍。悬车[15]遽落，夜台[16]弗晨。千龄俄古，万祀犹新。朱骖紫盖，抚俗调民。

---

[1] 这篇铭文是由申嗣邕撰文，梁恭之书写，将作者及书写者列入铭文之中极为罕见，通常作者或书写者的名字都落在铭文后面，或放在铭文的前面。

[2] 郭巨石祠自建造好之后一直保存完好，其建造年代至少是在镌刻此铭文前5个世纪，因此这里所说的庭宇肯定不是指石祠本身，陇东王所建的这个庭宇也许是石祠的罩室，或者是另外一所厅堂。

[3] 此处是说郭巨的名气越来越大了。

[4] 恒浮玉树是一个比喻，意思是说，对郭巨的回忆会经常闪现出来。

[5] 《史记》法译本第一卷，第70页。

[6] 迈耶斯（William Frederick Mayers）：《手册》，第789期；翟理斯（Herbert Giles）：《古今姓氏族谱》，第2002条。

[7] 迈耶斯：《手册》，第503期；翟理斯：《古今姓氏族谱》，第1533条；沃特斯（Thomas Waters）：《孔庙碑铭指南》，第11—12页。

[8] 迈耶斯：《手册》，第337期；翟理斯：《古今姓氏族谱》，第1087条。

[9] 乐正春是曾子的弟子，此人在《礼记》里出现过三次，其中一段文字说，乐正春母亲去世后，他五天不吃饭；在另一段文字里，乐正春弄伤了自己的脚，认为这是对父母的不孝举动，因而伤心不已（参阅《礼记》顾赛芬法译本第一卷，第260—261页，及第二卷，第305—307页）。

[10] 美迹和芳尘都是比喻，意思是孝子的举动令人难以忘怀。

[11] 这两句话是在评价郭巨。

[12] 壹亲的字面意思是"唯一的亲人"，郭巨在父亲去世后，虽然生活困苦，但还是能够独立去赡养母亲。

[13] 这句话不知作者在暗喻哪个历史典故。

[14] 此指郭巨埋儿奉母的故事，参阅前文的相关描述。

[15] 悬车这个词出现在《史记·封禅》篇里（《史记》法译本第三卷，第425页），意思是给马卸套，然后自己去爬山。这个词后来指上年纪的人，因为老人就像是在攀登生活的高峰，很快就要攀到生活的顶点了。不管怎么说，悬车在此是指郭巨的母亲。这句话以及后一句话的意思是郭巨的母亲和他本人都去世了。

[16] 郭巨被比作一个高台。

高山达节，景慕萦嘁。式凭不朽，永播衣巾。[1]

  居士慧朗侍从，至能草隶，世人称朗公书者是也。开府行参军王思尚侍从，能文有节操[2]……

  大唐开元廿三年秋七月，旬有五日，朝请大夫守济州别驾，上柱国杨杰，因公务之□□□□□□人之行莫大于孝，孝莫大于爱亲，则郭公其人也，竭力以养，欢心而事，见分甘以□□□□□□达天地，至德通鬼神，埋玉[3]彰必死之期，得金表全生之应。实可谓人所不能，□□□□□□□□重叙斯文，顾封树以长存，把徽猷而不泯。杰闻"孝子不匮，永锡尔类"[4]文其郭公□□□。

  正如我们所看到那样，陇东王感孝颂铭文认为石祠是为郭巨的坟墓建造的。铭文还告诉我们，郭巨生活在西汉时代，由此我们这样揣测：假如石祠确实是为郭巨建造的，那么郭巨墓地里的墓冢就有可能是在公元前建造的。如果不把墓冢看作是郭巨的墓，而是看作郭巨为母亲建造的，那么就有可能得出墓冢是在公元前建造的结论，而郦道元（卒于527年）在其《水经注》里也表达了同样的看法："今巫山上有石室。耆老言郭巨葬母处。世谓之孝子堂。"[5]

  自6世纪起直至今日，人们一直把孝堂山石祠和郭巨的名字联系在一起，无论这种联系多么牢不可破，可它看起来依然是人为臆想的。虽然祠堂石壁上浮雕画的部分场景确实与死者的生活有些关联，但无论怎么看，这些场景都与郭巨的日常生活对不上。浮雕画的场景倒更像是在描述一个有钱有势的人，而不像是在讲述一个卑微贫困者的生活。

---

[1] 字面意思是身穿长袍，头戴帽子的人。

[2] 这句话没有后文。这段铭文的意思是说王思尚撰写了铭文，慧朗书写了铭文，这段文字与我们在上文看到的文字有出入。此外这段铭文的字体也与前一段铭文不同，看上去很像是后来添加的，有人想把铭文划归到这两个人头上，但他们根本不可能撰写陇东王铭文。

[3] 这句话还是在暗喻郭巨埋子奉母的故事，"玉"字是指郭巨的儿子，此字与下一句的"金"字对仗。

[4] 这是引自《诗经》的诗句（《诗经·大雅·既醉》篇）。

[5] 《水经注释》赵一清校勘版（1754年），卷八，第10页。

第三节　八角石柱题铭

除了陇东王感孝颂铭文之外，石祠里还有其他简短的铭文，有些铭文潦草地刻在石祠的内壁上，在后文描述石壁时，我们再详细讲述其中最主要的铭文，现在我们先看一下镌刻在石祠前面三根八角石柱上的铭文。

中间那根石柱上有一段三行铭文，在图44上，第一行铭文非常清楚，铭文是这样写的：

第一行：**左谏议大夫河南杨景略康功**

第二行：**礼宾使太原王舜封长民奉使**

第三行：**高丽恭谒祠下元丰六年**（1083）

这段铭文也得到《宋史》（卷四百八十七，第6页）的确认，《宋史》告诉我们，在1083年，因高丽国王去世，宋朝确实派遣杨景略和王舜封前往高丽祭奠。

在石祠前面两端的石柱上，也有四篇铭文，其中一篇注明本石柱为大中五年（851）九月十四日建[1]。第二篇铭文称石柱为民众所捐建，建于乙未年五月[2]，这个日期含糊不清，很难把它与西方的公元纪年对应起来。第三篇铭文没有注明日期。第四篇铭文注明在崇宁五年（1106）七月三日，一个名叫**郭华**的人，自己掏钱修建了石柱，还垒了外墙，并在石柱上刻下了这段铭文。

这几篇铭文表明，石祠前面左右两根石柱是后来才修建的。下面我们来看看石祠内壁上的浮雕画。

---

[1] 作者在此写为"本石柱为大中十年（856）八月十三日建"，但查阅很多资料，都找不到相关的信息。——译注

[2] 作者对乙未年五月的写法感到很困惑，因为不知与西历对应的是哪一年。——译注

第四节　石祠后壁的两块石板

这两块石壁衔接在一起，构成石祠的后壁。我们会同时介绍这两块石板，因为石板浮雕画上的场景是一幅幅连续描绘的。

在《山左金石志》的编号里，图45与两幅拓片相对应：10号拓片对应的是上半部，2号拓片对应的是下半部。图45也与两幅拓片相对应：9号拓片对应的是上半部，1号拓片对应的是下半部。

我们先介绍两块石板的上半部分，从左往右逐一看每幅画面所描绘的场景。

四组骑兵护卫着一辆马车，其中最后一个骑兵只是画出轮廓，这并不是一辆普通马车，而是一辆国王的銮舆，因为石画上刻着"**大王车**"三个字。国王坐在车里，御者驾驭着车前的四匹马，缰绳从马头上穿过来，在缰绳的上方，画着一只鸟，这只鸟很有可能是**金吾**，金吾的作用是辟邪。銮舆上覆盖着一顶华丽的华盖，马背上盖着配有流苏的饰带。接下来又有两位骑兵，还有一辆由两匹马拉的车，马车上盖着顶盖，车里面坐着四个人，其中三个人在吹排箫，另外一个人在吹一种看不清形状的乐器；从马车中间伸出一根横梁，横梁支撑着一面大鼓，两个人在车顶上，用力挥舞两根鼓锤敲鼓，大鼓端角的下面各悬挂一个铃铛。大鼓的上面盖着一个伞盖，伞盖两侧下垂，呈龙首状。马车前面有十位导骑，每位导骑座下都有一套绣花的马鞍子，但他们并没有马镫，这与卜士礼（Stephen Wotton Bushell）的说法（《中国美术》第一版，卷一，第37页）有出入。导骑前面又有两个手持长戟的导卒。我们现在来看图46，通过拓片，我们发现石板上有一个凹槽，而三角石梁恰好就落入凹槽里，嵌入到后壁石板上（图51和图52），三角石梁的另一端则落在石祠前面的石柱上（图44）。十二名骑兵分列两行，策马前行，行列中最后一名骑兵正在敲一个圆筒形长鼓，或敲一块金属板，金属板立在马鞍架子上。在他前面还有两名骑兵，一个在图画上层，另一个在图画下层，他们正在吹排箫。后面紧跟着八位从骑，其中四位从骑背着弓箭筒，弓箭筒斜挎在身体左侧。前面有两辆双马马车，每辆马车上站着三个人，在前面那辆马车的后面，跟着两个手持长戟的从卒，这里也刻着几个字，但我只能分辨出"三月"。最后是两位导骑在前面开道。

图45和图46的下半部用三个方框给框起来，第一个方框采用斜线条纹饰；第二个方框用菱形图案作装饰，其中有些菱形是光滑的，有些则刻上一道道横纹，形成从右到左或从左到右的影线；第三个方框在模仿铜钱的模子，在各圆形方孔钱币之间，能看到一条条槽沟，熔化的铜水就沿着槽沟流动。

在这三个方框里面，有三座带柱子的双层单檐殿堂，屋檐上画满了各种动物：在左边亭阁上，有一只仙鹤；在仙鹤的上方，有一只猫头鹰和一只鸟。在左边殿堂的屋顶上，有两只长尾鸟，面对面站立，两只小鸟站在两只长尾鸟中间。在另一个亭阁上，下面亭顶上有两只鸟，上面亭顶上有一只鸟和一只猴子。在中间宫殿的屋顶上，左边也有两只长尾鸟，右边有另外一只鸟站在它们对面，在最右边还有一只小鸟。在右边的另一个亭阁上，下面亭顶上有两只鸟，上面亭顶上有两只猴子。在右边殿堂的屋顶上，一个赤身裸体的小孩朝身前和身后的鸟伸出长长的胳膊，在屋顶的最右边，还有一只小鸟。在最右边的亭阁上，下面亭顶上有一只鹳，还有一只抓住野兔的猎鹰；上面亭顶上有一只猫头鹰和一只鸟。

图 45　孝堂山石祠后石壁西侧

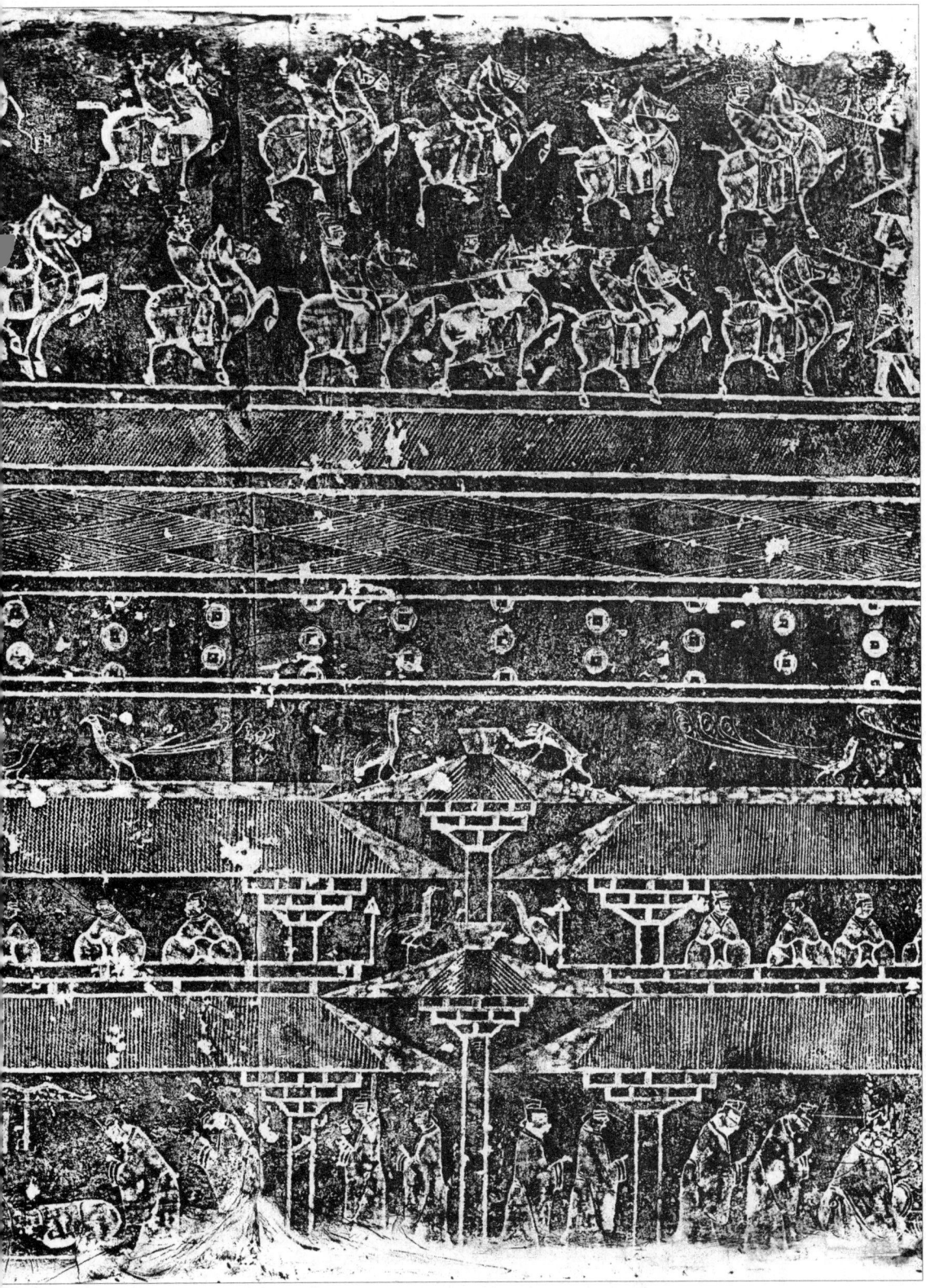

图 46　孝堂山石祠后石壁东侧

三座殿堂的二层楼里坐满了人，但只能看到他们的上半身，他们好像是在聊天。

在右边殿堂（图46）和左边殿堂（图45）楼下一层，分别画着一幅相同的场景：有一个人跪倒在王侯面前，在下跪者的上方，能看到一支弩和一个箭筒，箭筒里装满了箭，前面和后面站着一群侍从。在中间那座殿堂的楼下一层，就看不到下跪的人了，拜见王侯的那个人只是深深地鞠着躬，画面里也没有弩和箭筒了。

在独立的亭阁和支撑殿堂重檐的柱子上，我们还能看到铭刻的痕迹，但铭文如今已很难辨认出来了。不过，有些铭文还是被中国金石学家们保存了下来（参阅《金石索》之《石索》卷，第一分册），其中一幅这样写道："太和廿三年十二月廿五日广陵王太妃至此。国祚永庆。子孙忠孝"。

广陵王是北魏孝文皇帝的弟弟，生于470年，卒于501年。[1] 他和母亲前来拜谒孝堂山石祠时，只有29岁（虚岁30岁）。

---

[1] 《魏书》卷八第2页注明他的去世日期，此外在《魏书》广陵王传（卷二十一上，第6页）里注明去世时年仅32岁。

第五节　两侧石壁

一、东石壁（石壁宽：200厘米，高：150厘米）

孝堂山石祠的东石壁是一整块石板，不过《山左金石志》的作者们在制作拓片时，则明显把这块石壁分成两部分，他们将下半部分编为3号，上半部分编为4号。我们将从上到下来描述这块石壁上的浮雕画。

在石壁画的最上面，两个人面对面跽坐着；左边有一个人手里挥舞着一根棍子，要打前面那只狗，而另一只狗则在后面奔跑；右边有一个蛇身人首像，手里拿着一个叫不出名字的东西，旁边还有一个赤身裸体的小孩向前伸着胳膊。

左下方有三个人，其中最后面那个人跪在地上，而最前面那个人把手放在一个小孩的肩头，他们似乎在迎接两个奇怪的人，这两个人分别由两个仆人抬着，两个仆人肩头扛着一根棍子，棍子则从这两人的胸膛中间穿过。我们从这两个奇怪的来访者身上辨认出中国神话故事里所说的贯胸族人。根据《竹书纪年》记载，（黄帝）**五十九年贯胸氏来宾俯首称臣**。《山海经》（《海外南经》篇）也记载着在海外最南端有一个贯匈国，[1] **其为人匈有窍**。王充在《论衡》里也提到穿胸人。[2] 张华（232—300）在《博物志》（卷二，第2页，载1877年版《汉魏丛书》）里讲述了这样一段传说故事："穿胸国，昔**禹**平天下，会诸侯**会稽**之野，**防风**氏后到，杀之。[3] **夏**[4]德之盛，二龙降庭。禹使**范成光**御之，行域外。[5]既周而还至南海，经防风，防风之神二臣以**涂山**[6]之戮，见禹使，怒而射之，迅风雷雨，二龙升去。二臣恐，以刃自贯其心而死。禹哀之，乃拔其刃疗以不死之草，是为穿胸民。"

在这组人物的右边，有两个人正拄着拐棍向前走，另一个人跪在地上迎接他们。

在刚描述的这些场景下面，有一个核心人物，但仅呈现出一个半身像，头上戴着一顶高冠，看上去很像是西王母；右边有四个人跪在地上，向西王母奉献贡品，前面那个人手里捧着一个盆，另外三人手里拿着树枝；再往右，有两个手持长矛的士兵站在那里；石刻画的最右边画着一只鸟和三只四足动物，但看不出究竟是哪种动物。在核心人物的左边有五个人，其中四个人手里拿着树枝；还有两个人物，一个是人身马首，另一个则是人身牛首。再往左，有一只兔子正在捣药，另外两只兔子在给它递药，这几只兔子象征着月亮；最左边画着一只三足鸟，这只鸟象征着太阳。

---

[1]　所谓贯匈，即贯胸。

[2]　《论衡》福克（Alfred Forke）英译本第二卷，第263页。

[3]　《史记》卷四十七；法译本第五卷，第312—313页。

[4]　指大禹本人。

[5]　两条龙拉着车，带着特使巡游域外。

[6]　涂山是一个小国的名字，大禹娶涂山女子为妻，涂山在此似乎是指大禹本人。那里人之所以敢于冒犯大禹的特使，皆因大禹下令杀掉防风。

图 47　孝堂山石祠东石壁

101 | 第三章 孝堂山石祠

我们刚介绍的这组石刻画是镌刻在石壁的山墙上，画面场景大多取自神话故事。山墙下面石壁上的画则展现出真实生活的场景。

我们首先看到的是一支出行队列：两辆马车里各有两个人，两人面对面坐着，前面一个御者在驾驭马车，每匹马的头上都戴着类似马轭似的东西，马轭又与马车连在一起，缰绳从马轭上穿过去，一条宽皮带从马胸前绕过，马借助这条宽皮带拉动马车。每辆马车的后面跟着一个骑兵，而每辆马车前面则有九个骑兵，骑兵前面有两个肩膀上扛着弩的士兵。在上一层那一队骑兵之间，有一排展翅飞翔的鸟，这排飞鸟将上半部或者说山墙部分与下半部分隔开来。

再往下，右边有五个人，头戴高冠，身穿礼服，双手交叉，面朝前；右边三人、左边八人朝他们恭恭敬敬地走过来，每个人手里都拿着笏板，在左侧八人第四人的身后，能看到一段铭文，铭文这样写道："泰山高令明[1]永康元年十月[2]廿一日敬来观记之"。

历史上永康纪年有两个，一个在汉朝（东汉），另一个在晋朝，永康元年就有可能是167年，或者是300年。依照其纪年排序，《寰宇访碑录》（卷一，第15页）认为永康元年是指300年。

再往左，我们看到另一组人马：一个人前面站着三个人，后面又跟着四个手持笏板的人。接着再向左看，两个人身后各跟着一个随从，朝一个大池子躬身致意，池子里冒出一个叫不出名字的东西。

再往下看，是一个战争场面：右边有一个营帐，每座帐篷里有一个弓箭手。在最下面那排帐篷的前面，坐着一个人物，他身后刻着"胡王"两字。依照《山左金石志》作者的说法，这两个字是镌刻浮雕画的工匠刻上去的，如果这一说法准确的话，那么这个场景所表现的就是来自中亚地区的胡人军队，为首的就是国王。战争场面看起来很有意思：胡人的弓箭手从帐篷里冲出来，其中一个弓箭手的脑袋被砍掉了，人从马背上掉下来；另一匹战马朝相反的方向奔跑，但马背上没有骑手，也许骑手正是那个被砍掉脑袋的弓箭手，他的尸体就卧在稍远的地方，也许砍掉弓箭手脑袋的人正是站在战马与尸体之间的那个步兵，此人身穿铠甲，手里拿着一把大刀。在上一层画面里，一个骑兵正在追杀另一个骑兵，在其身后射弩，要把他从马上射下来；好几个骑兵骑着战马飞奔，他们手里有拿弓箭的，也有拿强弩的；骑兵身后有一个身材高大的骑手，他的坐骑在慢慢地踱步，这位骑手看上去像是将军，他正在指挥骑兵追杀胡人。左边画面上，有三个战俘双手被捆在身后，跪在地上，面对着一个人物，此人将决定他们的命运。在这几个人的下方，竖着一个木架，木架两端各挂

---

[1] 这是《山左金石志》和《金石萃编》解读的文字，但《寰宇访碑录》则把这个名字写成了**高全明**。拓片并不是很清楚，很难对这两个名字做出准确的选择。《寰宇访碑录》（卷一，第7页）还提到另一段铭文，铭文刻于建安二年（197），铭文是**泰山高令春**镌刻的。《山左金石志》（卷七，第12页）的作者也说，这段铭文是黄易（18世纪末）辨认出来的，但他们并未在自己所搜集到的拓片里找到这段铭文。我琢磨**黄易**所辨认的铭文是否就是我所引用的这段铭文，铭文上的字漫漶严重，有可能把"高令明"读成"高令春"，把"永康元年"读成"建安二年"。

[2] 《山左金石志》注明的是"七月"。

着一把斧头，木架上挂着两个（或三个）人的首级，首级用其长发系在木架的横梁上。这几个人肯定是被那个手持利剑的人砍掉脑袋的，此人就站在悬挂首级的木架旁。再转回来往右看，有一个人跪倒在胡人首领面前，他身后站着三个身披铠甲的弓箭手。在弓箭手身后，有两个人跪在地上，似乎在敲一种战鼓，每人手里拿着两支鼓槌，鼓槌上系着三个圆球。

石壁画的左侧画着一所房子，但房子似乎与战争场面没有任何关联。这是一所两层房屋，下层有一个人坐在地上，似乎正在接待前来叩拜的两位来访者，另外两个人站在屋外，好像在等候接见。上层有五个人，但只能看到这些人的上半身。屋顶上有两只面对面相立的大鸟。

在屋顶上面的画面里，右边有两组人跽坐在地上，每一组两个人，面对面跽坐着，另外还有一个人也跽坐在地上，此人前面也有一段铭文，此铭好像是一个名叫**庾其连**的人在太安二年（303）镌刻的。

在浮雕画的最下面（图50），是一个狩猎的场景：右边有八个人[1]向前行进，每个人肩头扛着一支长柄小网，这种捕猎工具名叫"毕"，[2]人们用它来捕猎野兔和飞鸟。有三只狗正跑在前面追逐两只猎物；在稍远的地方，一只狗咬住一只鹿的后腿，接下去，还有两只身上带花斑的动物，看上去颇像牝鹿；一个手持长矛的人正在和一只老虎搏斗，在老虎的上方，有一只动物，从尾巴上看像是一只狐狸。再往下，有一头豕或野猪；有一辆牛车，车上坐着两个人，前面那个人正在搭弓射箭，后面的人肩上背着一支强弩，牛车后面挂着一个猎物，猎物头朝下，已经死去。在牛车下面，一只鹿正卧在地上，不远处还有一只牝鹿；再往下，两只猎狗正在拼命奔跑；一个人前臂上栖息着一只猎鹰［参阅图1822，左下（此处应为作者失误，具体所指现已无法查明。——译者注）］，而另一只手则挥舞着一根小棍。正如劳费尔所指出的那样（《中国汉代陶器》，第233页），这幅画面是证明人类驯养猎鹰捕猎最古老的实例。在画面的最左边，有三个人手里拿着类似毕那样的长柄猎网，其中最后那个人还牵着一只猎狗。

二、西石壁（石壁宽200厘米，高150厘米）

这块石壁构成石祠的西墙壁。按《山左金石志》的编号排序，此石壁拓片的编号为7号。

在石壁最上边的左侧（在图48上隐约能看到），同样有一个蛇身人首像和一个向前伸着胳膊的赤身裸体小孩。稍稍偏右一些，一个矮小人物坐在一个拱形装饰物上，看起来好似一团团云彩。再往右，

---

[1] 在拓片上，下面一行的四个人几乎看不清楚。

[2] 在多幅拓片上都能看到这种捕猎工具（参阅图161、图162、图176、图1223、图1237、图1260）。法国驻暹罗副领事卡米尔·诺东（Camille Notton）还特意给我寄来一张照片，照片表明目前在云南依然有人在使用这类捕猎工具。照片是诺东的弟弟在一个名叫阿布的地区拍摄的，那里紧靠南溪河，如果朝老街方向走，从蒙自出发要走两天才能到达。在给我的信中诺东先生写道："要想领会这种工具的用途，就要到南溪河谷去，那一地区几乎还是原生态，冬天的野草长得很高。猎人一直守在猎狗身后，最多和猎狗拉开两三米的距离。猎物根本不知道害怕，它刚一冒头，猎人马上就用网子把它套住，其中有鹌鹑、小山鹑和野兔。"

图 48　孝堂山石祠西石壁

105 | 第三章　孝堂山石祠

有五个人站在那里，其中三个人面朝右，另外两个人面朝左。

再往下一层，左边有一个人肩上扛着一根棍子，躬着身向前走。有两个人将一篮子牧草放在头顶上，并用双手扶着篮子。接着，在一位站立者前面有一辆车，好像是雷神的车。雷神身上挂着四只鼓，只要雷神一敲鼓，天上就会响起阵阵惊雷（图132和图133），雷神的车由四个人拉着。再往前看，有一个很强壮的人物，好像是风伯，从他嘴里吹出的狂风用一根巨大的枝杈来表示（图132，第二层左侧；图133，第一层右侧），他吹出的狂风如此猛烈，甚至快把屋顶给掀翻了，房子前面的人正要进屋，却扭过头来朝风伯这边看。房子里有两个人，一个人站着，另一个人坐着，坐着的人手里拿着一支弓。在房子的右侧，两个人手里拿着笏板，站在那里。再往下，两个被俘的士兵手脚都用绳子捆着；接下来，有四个人分成两组，其中一人手里拿着一把利剑，另一个人将手搭在膝盖上，这个场景也许是想表现对人实施膑刑的过程。在画面的最右侧，有一只狗。

山墙部分最下端的空间很小，与其相对称的东石壁也一样，只是用一排飞鸟将山墙部分与下面分隔开来，这排小鸟从左向右飞，在山墙部分的下面，有一支行进的队列：左边有两辆单马马车，马车里坐着一个人，一御者坐在他前面驾驭马车。在上面那辆马车上方刻着几个字，一个名叫**王象璋**的人注明曾来此拜谒。在两辆马车后面，有一个骑兵和一个手持强弩的步兵。在马车的前面，有一个由骑兵和步兵组成的列队，步兵手里都拿着长矛，在队列的中间有一匹骆驼，上面载着两个骑手，还有一只大象，大象上面坐着三个骑手。大象身后跟随着一个步兵，在这里能看到几个残缺不全的铭刻字，《山左金石志》的作者辨认出，铭文注明为先天二年（713）十月廿五日。在大象的下方，画着一只小船，但画得很粗糙，像是后来添加上去的。这两支队列在接受一个显赫人物的检

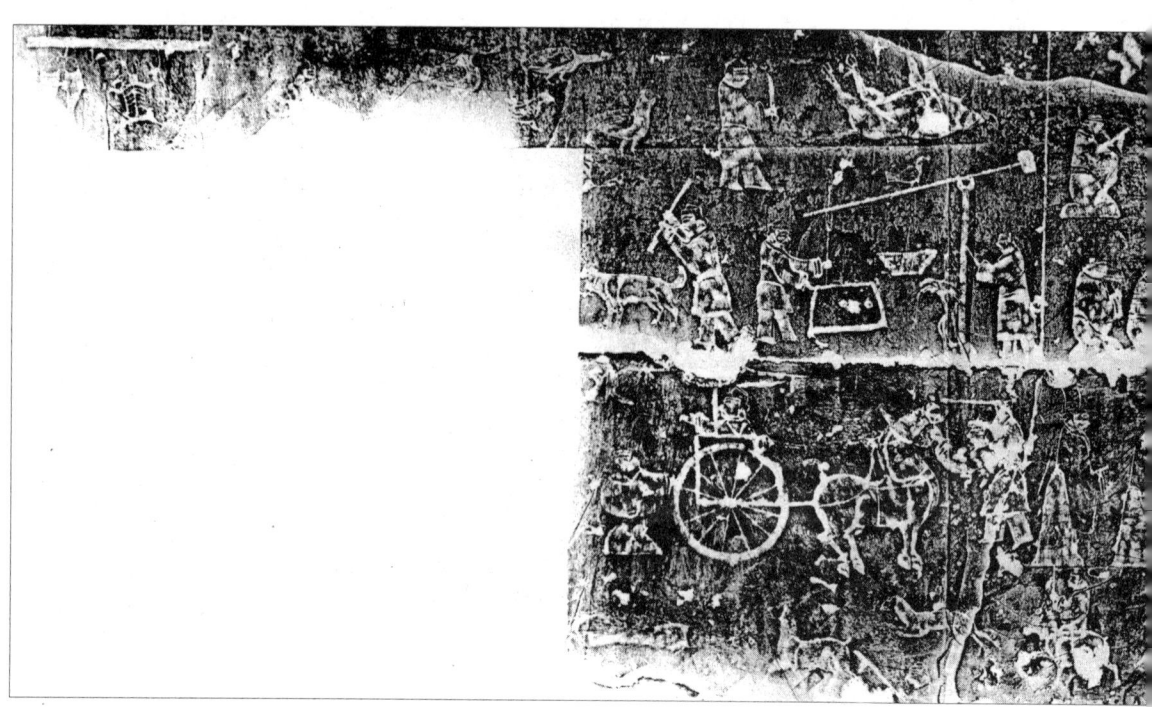

图49　孝堂山石祠西石壁下部

阅，此人身后站着两个手持木棍或强弩的卫兵，两个手持笏板的文官也站在一旁。在这个显赫人物的头顶上刻着一个"相"字，由此证明这位显赫人物就是国王的宰相。

在队列下方左侧，有一个小孩站在那里，双手相拱。他的左边站着八个人，右边站着四个人，这个小孩不是别人，正是成王，因为在他头顶上刻着榜题，上书"成王"两个字。在成王左侧第四个人身后，能看到这样几个字："侯泰明永兴二年（305）三月三日"。在成王这一组人群的右边，还有五个人，其中三个人面朝右，另外两个人面朝左，面对着另外三个人。接下来，又有十个人在朝右前方走。其中倒数第二个人前面有两个孩子，他好像正在搭弓射箭，准备射杀前面的人，而此人手里拿着一根棍子，肩上扛着一支毕。

在这幅画面的下方（图49），右边有几个人，像是来访的宾客，其中在最主要的人物面前摆放着一张几，以便让他把胳膊搭在上面（参阅图129、图150、图170、图1219、图1232），此人仪表堂堂，身材伟岸。再往左就是杂技艺人和乐师：其中一个艺人在耍弄七个圆球；在此人的下方，一位乐师正用琴捶敲击一件乐器；在他身后，另一人保持跪姿，将右手撑在地上，左手扶着一根长杆，四个杂技艺人悬在长杆上，用人体构成一个金字塔；再往下，是一个乐师。接下来，有一面立式大鼓架在鼓托上，最上面还用一个伞盖罩着，大鼓两侧各有一个人正抡起鼓锤使劲敲鼓。再往左，又有几个乐师，其中下面的乐师在吹排箫或梆笛。再往左看，就是庖厨场景，遗憾的是石壁一角已经损毁，只能看到一头被宰杀的猪，猪四脚朝天仰卧在地上。一个人手拿一把菜刀，正准备把整只猪分割开来。再往下，有一口水井，井口处有常见的打水桔槔，有一人正把牲畜捆在支撑配重杆的柱子上，准备去宰杀、剥皮，而另一人正把水桶放入水井里打水。再往左，能看到一群母鸡或野鸡；在这个画面下

方，有一头四蹄被捆住的猪（在图49上看不清楚）；再往下，还有另外一头牲畜，一个人正准备用木棒去捶杀。在画面的最左侧，能隐约看到一只煺掉毛的肉鸡，肉鸡挂在厨房的房梁上。

在石壁画下方，左边有一辆马车，一人手里拿着棍子，猛然间把拉车的马逼停，坐在车里的人朝后面转过身，一个人蹲在马车后面，似乎正在拽住车轮。在这个场面的右侧，有两个步兵向前走，前面有两个骑兵，每人手里牵着一只猎犬。接下来，又有六个人、一辆马车和其他三个人。在左前倒数第二人的上方，能看到一段铭文（在图49上仅能看到铭文的前半部分），铭文这样写道：

图50　孝堂山石祠东石壁下部

"天保九年（750）山茌县[1]人四月廿一日[2]刘贵刘章兄弟二人回行过孝堂观使愿愿从心"。

石壁最下面的浮雕画在大部分拓片里都模糊不清或极不完整。在最右边，即在这段铭文的下方，有一匹马的马腿被绳索给绊住了，马的右前腿与左后腿被绳索连在一起。马后面站着一个人，他手里拿着一根棍子，上面栖息着一只大鸟，后面还能看到一个人、两只鸟、一所房子的屋顶和一辆马车。再往左看（在图49下方看不到），有一个人骑在一动物上，它既不是马，也不是驴。

---

[1] 山茌县位于山东省长清县东北方，距离长清县城四里地。

[2] 铭文的词序有点乱，法译文将词序进行了修改。

第六节　三角石梁

一、三角石梁东面（图52，宽200厘米，高64厘米）

这张拓片（《山左金石志》的第5号拓片）展现的是三角石梁东面的浮雕画，三角石梁的一端嵌入到石祠的后壁上，而另一端则落在石祠前面的八角石柱上，在图44里能看到这根石柱。

画面中心表现的是从河中捞鼎的场景，在河两边堤岸上各有四个人在拽一根绳索，河堤的最高处竖立着一根杆子，绳索从杆子上穿过，而绳索的另一端则系在鼎耳上，但是鼎右耳已断裂，虽然一人站在船上，正奋力用一根杆子托住鼎，但鼎仍呈倾斜状，就要落到水里去了。在高耸于河堤的方石墙上，有两位显赫人物正跽坐于地，身后的随从正紧张地监督着捞鼎的工作。河里还有三条船，每条船上有两个人，待在船尾的人用双手划桨，在中间那条船上，一人站在船头，似乎正在钓鱼。

我们知道，在公元前219年，秦始皇曾试图把周鼎从泗水里捞出来，但却没有成功。因此，我们不妨将此图看作是在展现这一著名事件[1]的场面。但《山左金石志》的作者似乎并不认同这一观

---

[1]　《史记》法译本第二卷，第134页；还可参阅图122、图148、图1266。

图 52　孝堂山石祠三角石梁东面

点,《山左金石志》(卷七,第8页)引用了《南越书》中的一句话:"熙安县[1]山下有神鼎,天清水澄则见,刺史刘道锡使人系其耳牵之,耳脱而鼎仍沉,执靷者莫不疾耳,盖尉陀[2]之鼎也"。也许正是因为鼎耳断裂这一细节,才被人认定孝堂山石刻画所表现的场景恰好是《南越书》里所描述的,而秦始皇捞鼎的传统说法是,在捞鼎的过程中,鼎里伸出龙头,将绳索咬断,武梁祠的石刻画就是这样表现的(参阅图122)。不过,我认为汉代所有表现捞鼎这一场景的石刻画都是在展现这件非常出名的轶事,轶事的主角就是秦始皇。

在图52里,我们看到在中心场景的左边,有两个人跪在地上,其中一人似乎刚用箭射中一只鸟,此鸟中箭落地,其他五只鸟则飞向天空。这幅画面与南武阳石阙上的石刻画十分相似,我们将在后文介绍南武阳石阙(图155,下侧)。

---

[1] 位于广州**番禺**县东。

[2] **尉陀**就是**赵佗**,秦末时期,他在广州宣告独立,公元前196年,汉朝正式分封他为"**南越王**"。参阅《史记》卷一百一十三。

图 51　孝堂山石祠三角石梁西面

在图52的右侧，我们注意到这里画着几种不同的神兽：有两只神鸟，其中一只个头不大，但有两个鸟头，另一只却有三个人首；有两只四足兽，一只四足兽分出两个兽身人首（图71第二层及图1197、图159、图1237），另一只四足兽仅在颈部分出两人首，两人首面面相觑（图76山墙、图110、图176、图1237）。那里还能看到一棵大树，两只鸟从树上飞起，一人在用弓箭射鸟。在此人的右侧有一榜题，《山左金石志》的作者辨认出几个字，上面写着"景明二年"（501）。

拓片下部展现的是一个出行队列，有多辆马车，每辆马车里坐着两个人，马车上没有华盖。

二、三角石梁西面（图51，宽200厘米，高64厘米）

这张拓片（《山左金石志》的第6号拓片）展现的是三角石梁西面的浮雕画。

三角石梁的顶部有一个人物，他坐在一个拱顶下面，拱顶两端各设一个龙头装饰。

中心场景展现了一场事故，事故发生在一座跨越河流的桥面上，一辆双马马车险些倾覆，一匹马已挣脱车辕，向前跑去，另一匹马被一个人给拦住，此人手里拿着一根长矛或一根长杆。马车上有两个人，一人是御者，另一人像是达官贵人，因为从他的礼服上看，应该是一个很有身份的人，两人都被甩到河里去了。四只船正赶来搭救，每只船上都有两个人。船下有许多鱼在游动。在桥的斜坡道上，有一队骑兵正朝相反的方向往前走，马车后面有一人跪在另一人面前，此人手里拿着一

件武器。在桥两侧斜坡道的最高处，竖立着一根长杆，杆上放着一只篮子或一个小箱子，里面有一只鸟。一群鸟沿着石壁最上边的边缘朝右飞。

在这块石壁的左侧，能看到一段铭文，上面写着："**平原湿阴**[1]**邵善君以永建四年**（129）**四月廿四日来过此堂叩头谢贤明**"。

在落入河水中的御者上方还有用同样笔体镌刻的"**安吉**"两字，这两个字也许是来访者针对事故所表达的愿望，在遇到事故时，他也希望有人能赶来搭救，正如落入河水中的御者所想的那样。

这段铭文意义重大，因为它注明了来访者拜谒的日期，我们由此得出这样的结论：孝堂山石祠至少在129年就已矗立在那里，甚至有人前来感谢神灵保佑。

---

[1] 湿阴县位于今**临邑**县西部，距离临邑县城十里地，临邑县隶属山东济南府管辖。

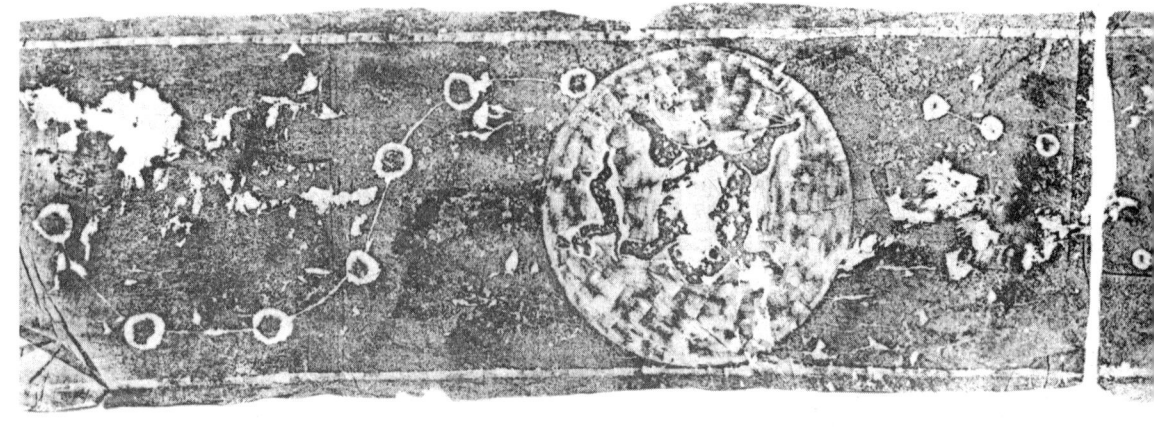

图53　孝堂山石祠三角石梁底面

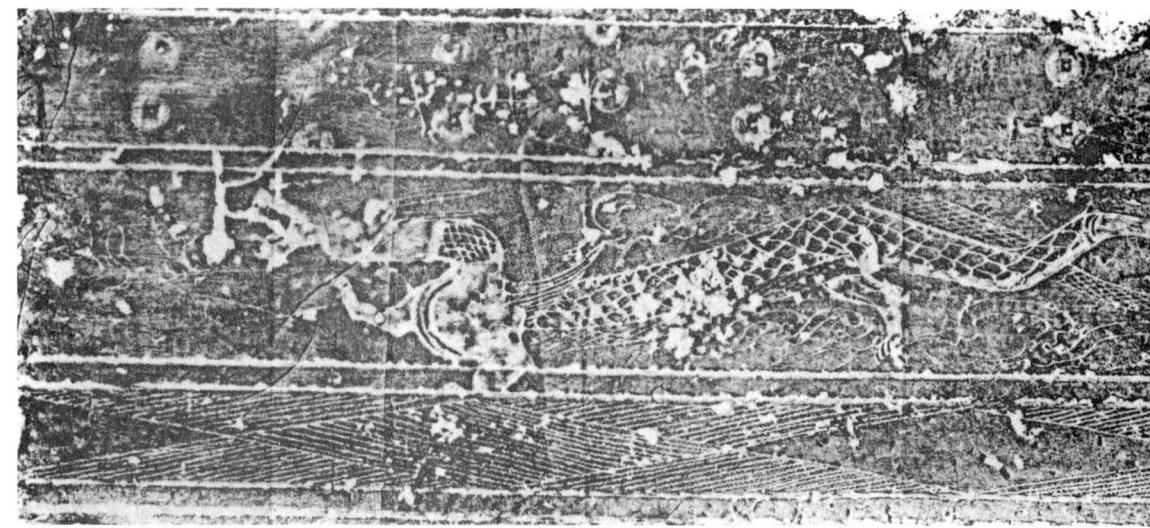

图54　孝堂山石祠石祠外侧东石柱

三、三角石梁底面石刻画（图53，宽190厘米，高23厘米）

这张拓片展现的是三角石梁底面的石刻画，图51和图52显示的是三角石梁东西两面的石刻画。

在图53中，石刻画的左侧是北斗七星，接下来是一轮圆月，因有金蟾和玉兔，月亮很容易辨认；再往下是一个由三颗星星组成的星宿。后面是一个约三十厘米大小的空白区域，空白区域之后，有两个星宿，三颗星星各排两列，平行排在星宿里；再接下来是一个三星宿，星宿罩在一个女人头顶上，女人正忙着织布，这正是织女星宿。一个大圆盘上有一只鸟，鸟正朝下观望，这个圆盘代表着太阳。最后是一个七星宿，一只大鸟在星宿下飞翔，这个星宿也许就代表着朱雀七宿。

在前文介绍登封县石阙时，我们已经提到月亮的表现手法：要么单独画一只玉兔，要么画一只金蟾和一只玉兔（图19和图31）。此外，我们注意到，在孝堂山石祠的画像石上，三足鸟代表太阳，捣药玉兔则代表月亮。

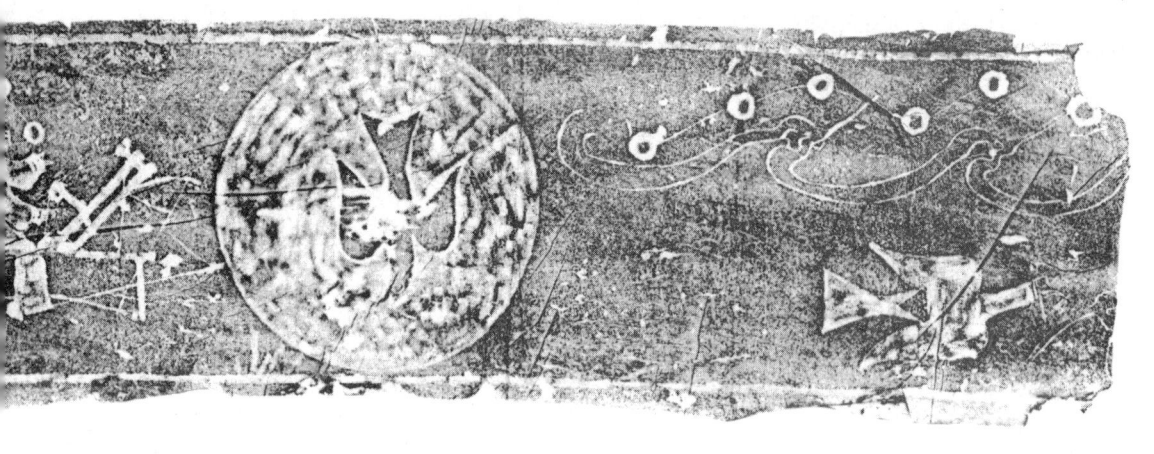

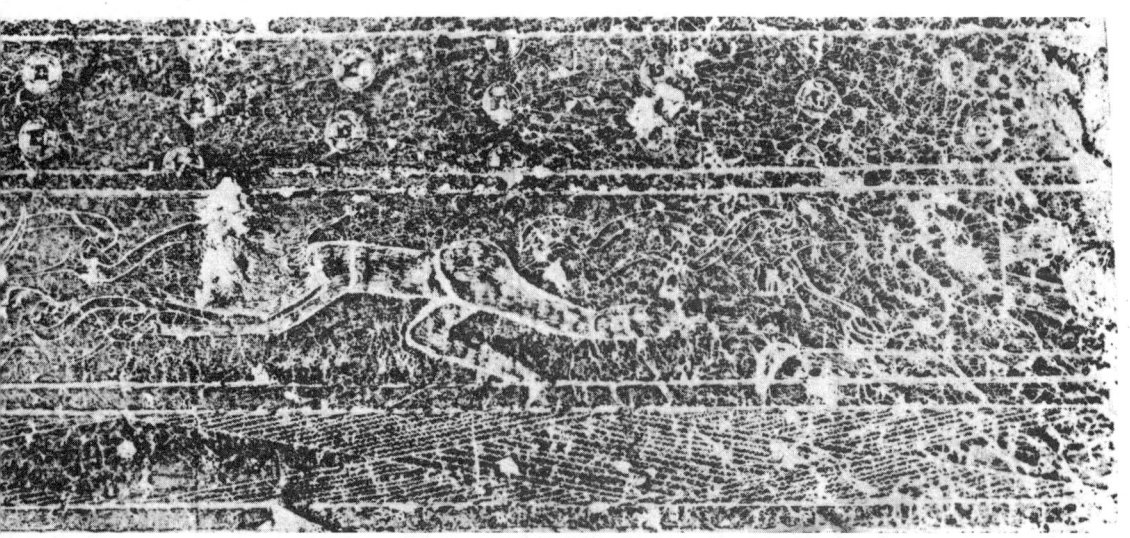

在为屈原的诗篇作注时，**王逸**（公元1世纪）之所以能够得出自己的结论，也许恰好是从这种受星宿启发而描绘的图案中看出了**屈原**（公元前4世纪）创作《天问》的端倪，王逸在《天问》注本中是这样描述的：

> 屈原放逐彷徨山泽。见楚有先王之庙及公卿祠堂，图画天地，山川神灵，琦玮僪佹及古贤圣怪物行事。因书其壁呵而问之。以渫愤懑。楚人哀而惜之[1]因共论述。故其文义不次序云尔。

因此，依照王逸在这段文字里的说法，《天问》并不是一首按常规方法创作的诗篇，而是屈原

---

[1] 也许应当这样去理解：在屈原去世之后。

在看到各墓祠画像石上的画作之后，有感而发刻在画像石上的诗句，诗句经后人整理，编成诗集。无论这一说法是否准确，大家都明白，不管怎么说，王逸认为类似图53这样的石刻画与《天问》中的下列诗句还是有着密切的关联：

夜光何德死则又育。厥利维何而顾菟[1]在腹？

我们在此提醒大家注意，这段写于公元前4世纪的诗句表明，中国人认为月亮里有一只玉兔，[2]此诗堪称这一民间传说最古老的文字记录。

四、石祠东石柱石刻画[3]（图54，宽136厘米，高28厘米）

准确地说，这幅石刻画并不属于石祠内装饰画的范畴，浮雕画是镌刻在石祠外东面的一根柱子上的。没有任何证据能证明此画与其他石刻画是在同一年代创作的。况且，这幅石刻画意义不大。画面的下方（图54右侧）站着一个人，他手里拿着一把类似偃月刀样的武器，在他的上方，还有一人，伸着双手，猛地向前冲，好像在追一条龙，那条龙在他身前舒展开来。这幅石刻画是竖着布置的，石刻画下方那个小人物的姿态标示着画的方向。

---

[1] 菟字同兔。

[2] 有关代表月亮的金蟾、玉兔和代表太阳的三足金乌，可参阅王充的《论衡》（《说日篇》，福克英译本第一卷，第268—269页）。还可参阅荷兰汉学家高延的《厦门的节庆日》。

[3] 这段文字缺少标题，标题系根据作者在下文所表达的意思添加的。——译注

第四章　其他各类画像石

第一节	刘家村石刻画	第十五节	射阳石门画像
第二节	焦城村石刻画	第十六节	不其县令石阙
第三节	周公庙石刻画	第十七节	汉代墓碑
第四节	南武阳石阙	第十八节	汉砖
第五节	六幅石刻画拓片	第十九节	汉王稚子阙画像
第六节	墓祠食堂	第二十节	济南府公立图书馆汇集的画像石
第七节	沂州石刻画	第二十一节	置于济南府的另外十块画像石
第八节	李翕颂	第二十二节	出处不详的石刻画拓片
第九节	菲舍尔带到欧洲的文物	第二十三节	两城山石阙
第十节	济宁晋阳山慈云寺石刻画	第二十四节	汪涅克带到巴黎的画像石
第十一节	持斧男子石刻画像	第二十五节	劳费尔所公布的石刻画拓片
第十二节	汉鲁恭王墓石刻守卒	第二十六节	关野贞所公布的石刻画拓片
第十三节	郭泰墓碑	第二十七节	出处不详的画像石
第十四节	出处不详的石刻画拓片		

第一节　刘家村石刻画

刘家村位于山东省嘉祥县东南方，1907年7月5日，我走访了刘家村。出了村子往东北方向走上几百步，就会看到一座小寺庙，寺庙名叫**洪福寺**。寺庙院子正中，有一块画像石，[1]我当即为画像石做了拓片（图148）。院子当中还应该有另一块画像石，寺庙看门人告诉我，他最近刚把那块石头给卖了，不过我还是搞到了一幅拓片（图147）。《山左金石志》（卷八，第18—19页）曾提到第三块画像石，并称此石已严重损毁，画面上仅能辨认出一车两马，如今看来此石早已佚失。《金石索·石索》（第四分册，第26页）复制了画像石第一层和第三层画面，此石被编为147号。我将此石未修饰的拓片收入到拙作《两汉时期的石刻画》（图版43）里，而将修饰过的拓片纳入本书当中（图147），对画像石作修饰是为了让大家看得更清楚。此外，我对另一画像石的拓片也作了修饰，并随本书首次发表出来。

一、刘家村第一石（图147，宽41厘米，高90厘米）

第一层画面：一人蹲在地上，用力吹气，以至于旁边两人的头发都飘起来了。此人也许就是风伯，如果这个假设成立的话，那么旁边站立的年轻人手里拿的绳子就象征着雨水，最靠右边的那个人物看不清楚，不过《金石索·石索》（卷四，第26页）所附的图片却显示得很清楚。

第二层画面：这里显然是制作车轮的场景，可以看到古代工匠是如何制作车轮的：先把十二根辐条固定在轮毂上，接着再把构成轮辋的三个弓形块拼装在一起，弓形块之间榫卯相连，与此同时轮辋还要同十二根辐条衔接起来。左边一人正忙着往罐子或熔炉里倒东西。

第三层画面：站在中间的是幼年**成王**，他头**冠五稜**，身穿衣袍，外套一件上装，衣袍的袖子很长，把双手都给遮住了；其右侧为**周公**和**鲁公**，左侧是两位侍从，一人为他撑着华盖，另一人手里捧着笏。鉴于成王面朝南站立，周公就站在他的西面。鲁公就是周公的儿子伯禽，是鲁国的第一任国君（参阅《史记》法译本第四卷，第100页）。有关描绘同一场景的其他石刻画，可参阅图48、图68、图73、图1224和图1262。

第四层画面：中间有一棵树，两只小鸟在树枝上搭了鸟窝。树干上拴着两匹马，马腿上拴着羁绊，也许这是在训练马走侧对步，马背上铺着垫子，当作马鞍。

二、刘家村第二石（图148，宽41厘米，高90厘米）

第一层画面：仅能隐约看出中间是一个大坛子，右边有两条龙尾。

第二层画面：整幅画与图124第三层画面及图1229最后一层画面有些相似：两个蓄着长胡子和奇特发型的男子，一人用双手抓住一条蛇，这蛇似乎要咬另一人，此人挥舞着榔头，以防止被蛇咬住，他背着一把长剑，剑缚在身上，剑把朝下，置于身体右侧，这样他要用手朝外转，才能把剑抽出来。在顾恺之所绘制的《列女传》当中，周王也是把剑缚在身后，但剑把置于身体左侧。参阅吕大临的《考古图》，卷七，第5页；劳费尔复制了这幅画，并将其刊载在《玉石》（第285页）当中。

---

[1] 此石从此便被移置于济南府。

第三层画面：河中捞鼎失败的故事。大家可以拿这幅画同图52、图122和图1266来做对比。在这幅石刻画里，用于从河中拉鼎的绳索是从滑轮上穿过去的，而在图52里，绳索是在固定的卷筒上滑动的。

图147　刘家村第一石

图148　刘家村第二石

第二节　焦城村石刻画

焦城村也在山东省嘉祥县，出了县城往南走，乘坐两个小时的马车，就来到这个小村庄。1907年7月4日，我走访了这个村子。根据《山左金石志》的描述，焦城村有四块汉代画像石，但我在当地仅发现其中的一块；相反，当地人向我展示了两块画像石，但中国金石学界却无人提起过这两块画像石。我在下文先介绍编入史籍的四块画像石，然后再介绍另两块从未有人研究过的画像石。

一、第一块画像石

《山左金石志》是这样描述这块画像石的："高一尺九寸，广一尺六寸，上层中立王者，冠五稜，端拱南面，榜题**周王**二字，左右各侍二人；中层一车一马，车坐二人，一人荷戈步导；下层二人负毕，有雉兔前奔。"

《金石索·石索》（卷四，第27页）复制了这一拓片的两层画面，并称此拓片是从焦城村第一块画像石上拓下来的，但经对比之后，发现拓片图像与《山左金石志》的内容根本不相符，却与晋阳山第一块画像石（图176）有些相似。我认为《金石索》在此出现了错误，把拓自晋阳山第一石的拓片当作焦城村第一石的拓片了。

二、第二块画像石（图152，宽96厘米，高61厘米）

此石已不在焦城村了，不过我还是拓了一幅拓片，但拓片清晰度很差，只好再做修饰，这样才能将其复印出来（图152）。《金石索·石索》（卷四，第28页）把画像石中间的场景刊印出来，这是在汉代石刻画里最常见的一个场景（参阅图77、图107、图129、图150、图170、图1219、图1232、图1258、图1264及图1268），

图152　焦城村第二石

不过在右侧柱子旁有一榜题，告诉我们席榻而坐者是齐王（**此齐王也**）。在官殿上一层有两位女子，她们中间隔着一道门，门上的扣环看得很清楚（图170）。在下一层画面上，右侧有一人，还有一匹卸套的马，在画像石裂痕的另一侧，还有一车两人，前面那人手里拿着笏板。

三、第三块画像石（图149，宽63厘米，高80厘米）

图149　焦城村第三石

我是在一座观音庙院子里发现这块画像石的，观音庙在村子南边。画像石当时埋在地下，掩埋在一座石碑和庙门影背墙之间，那座石碑立于光绪二十一年（1895）。画像石所表现的场景与图151、图158、图160、图163的画面有些相似。

上层画面不是很清楚。第二层画面：女乐师们在演奏乐器，其中一位女乐师抚琴弹奏。第三层画面：两人正用力敲一面大鼓，鼓上方有一伞盖遮挡，伞盖的长柄嵌在一个虎形石头座里。右侧有一杂技艺人在耍抛球（参阅图48、图151和图160）。下层画面表现的是庖厨场景：房梁上挂着两条鱼，一人正在杀猪；再往下，一人蹲在地上，像是把灶火拨得更旺；两人将一大漏斗放在一个支架上，下面放置一个盆子（参阅图158、图160、图163）。再往上，有一人正用绳索拉一头羊。左侧一人用桔槔汲水。

四、第四块画像石

根据《山左金石志》的描述，此石高一尺九寸，宽二尺六寸，画面描绘的是一座二层楼阁，左右各有一室；楼下有两人跪在地上，手执笏板，另有两人站立，手里也拿着笏板。此石已佚失，而我手中也没有拓片。

五、第五块画像石（图151，宽54厘米，高51厘米）

此石被人隐藏在村北门外道路的支撑墙里，[1]是当地的农民把画像石藏起来的，他们担心有人不怀好意，要把石头偷走，但他们还是把石头指给我看了。石刻画保存得非常好，我难免对画像石的真实性产生疑问，它完全有可能是一件仿古的赝品。此石如今已被移置于济南府公立图书馆里。

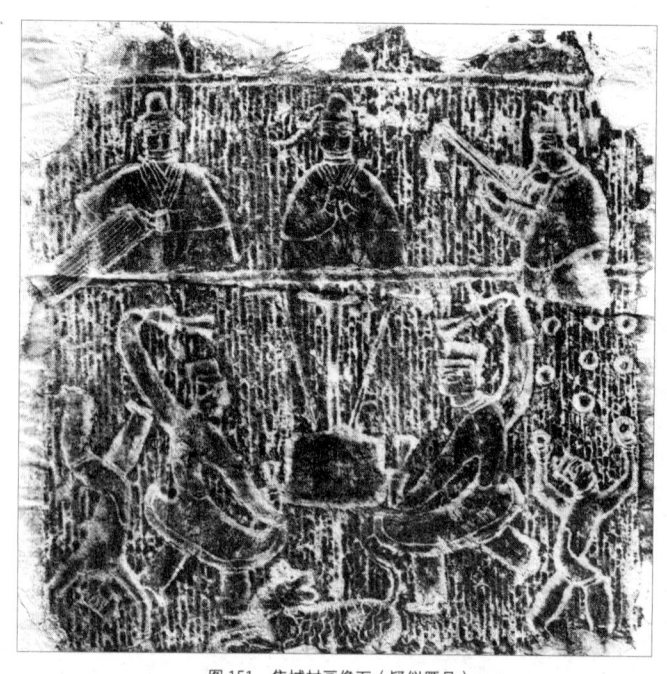

图151　焦城村画像石（疑似赝品）

---

[1]　此石现已移置于济南府。

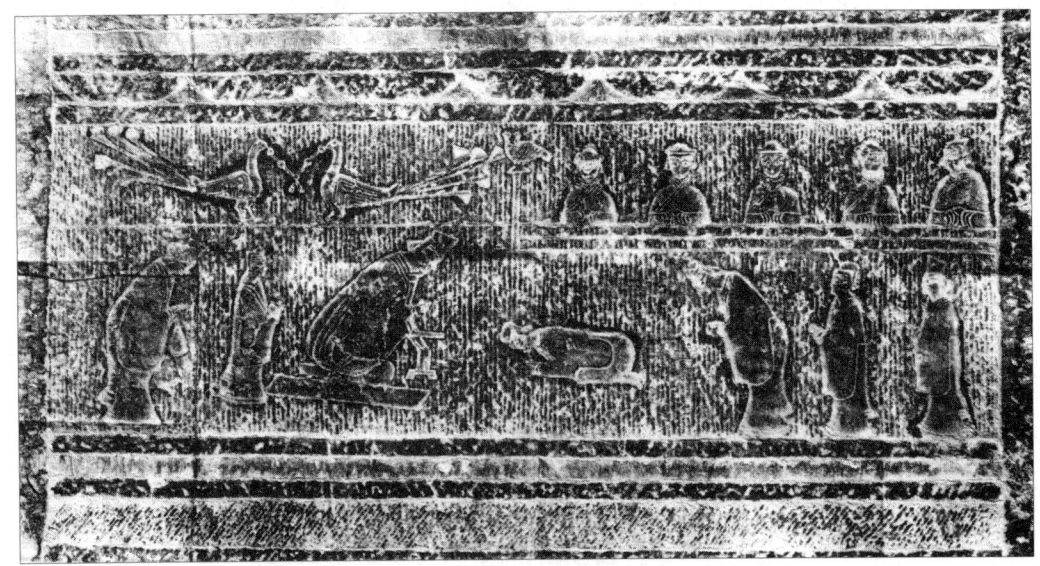

图150 焦城村画像石（疑似赝品）

在画面的最上方，有一女子半身像，她双手合一，像是用手在打拍子。左边有一女乐师抚琴弹奏；右边[1]有另一女乐师在吹奏一件乐器，乐器弯成肘形，她的双手似乎在嵌动一个类似风箱的东西。下层画面有两人正敲一面大鼓，右侧一杂技艺人在耍抛球；左侧一杂技演员在倒立行走。

六、第六块画像石（图150，宽106厘米，高55厘米）

此石保存得非常好，当时它藏在村东边，与其他石碑堆放在一起，这些石碑上都没有刻画，而且无论是石质，还是粗糙度，都与第六块画像石很相似，我不禁在琢磨，眼下这块石碑上的画是不是最近才镌刻的，而其他空白石碑将来是不是也会刻上类似的浮雕画。我不敢说这块画像石是一件赝品，但还是感觉它很可疑。尽管如此，此石依然有一定的价值，因为它也许是模仿古代画像石镌刻的。

画面上方，左侧有两只相对的鸟，用喙叼起细线绳，线绳中间串着珍珠或铜钱，这幅图案与汪涅克（Léon Wannieck）先生在赛努奇博物馆（Musée Cernuschi）展出的画像石（图1263）、与晋阳山画像石（参阅《国华》杂志第二十卷，第233期，第130页）、与劳费尔先生带回的拓片（图1268左上）有相似之处。画面右边，一只双头鸟栖息在柱子上。再往右，五人双手合一，坐在楼阁的上层。在楼阁的下层，是国王接见来宾的场景，来宾跪倒在国王面前，而国王则把手臂放在面前的几上，依照《礼记》（顾赛芬法译本第一卷，第9页）的说法，凡七十岁以上的官吏才可享用君主赐予的几和拐杖，拐杖用于行走时支撑身体；当他们席榻而坐时，侍从便在他们面前摆一张几，便于把胳膊放在上面。《书经·顾命》（理雅各英译本第三卷，第544页）描述了成王临终前凭玉几，召见诸臣，安排后事的故事，图150当中王的坐姿恐怕就是成王当时的样子。在图129和图170当中也能清楚地看到这种几。

---

[1] 作者在此误写为"左边"。——译注

第三节　周公庙石刻画（图153，宽61厘米，高113厘米）

　　《金石索·石索》复制了这幅石刻画，并称此石镶嵌在周公庙大殿的墙里，周公庙位于曲阜县城北门外。1907年6月28日我参观此庙时，没想到在那里能看到这块画像石，因为此前我并不知道有这样一块画像石，所以也没刻意去寻找，可能把它遗漏了。不过，这块残石恐怕意义也不大，我们在此仅能看到画像石的右侧，画面只有一个人物，右边有榜题，上书"**周公**"二字。参阅《山左金石志》卷八，第23页。

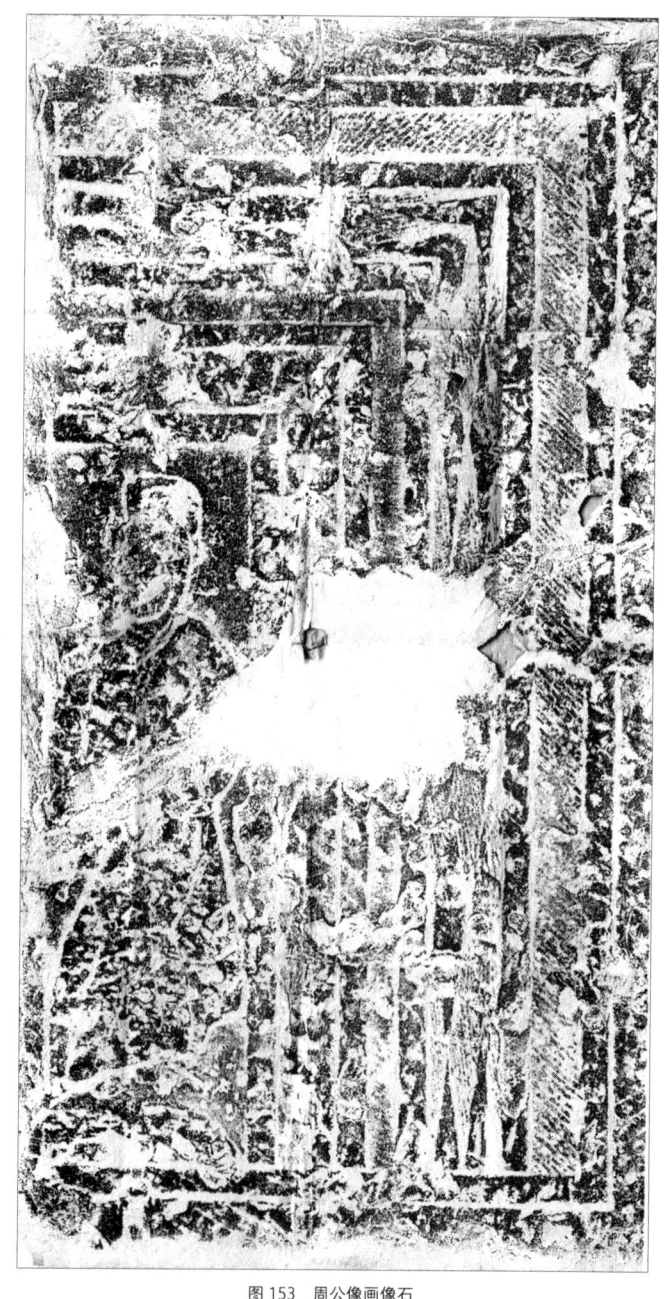

图153　周公像画像石

第四节 南武阳石阙

南武阳有三座石阙，为便于识别，人们将其称为西石阙、南石阙和东石阙。这三座石阙坐落在山东省**沂州**府**费**县境内。南武阳为西汉置县，位于今费县以西七十里的地方。我没有去那里参观这三座石阙，但还是购得一套拓片，这套拓片展示了三座石阙十二个面当中的八个面，另外四个面没有拓片，也许是因为阙面漫漶严重，浮雕画已完全看不清了。其实我手中的这八幅拓片也是模糊不清的，其中四幅根本没法采用，另外几幅只有修饰过后，才能刊印出来。

图154　南武阳石阙：镌刻于公元 87 年的铭文

一、图154（宽57厘米，高33厘米）

南石阙一面的下部。左侧能隐约看出一篇相当长的铭文（图1214），但残漶甚重，仅能读出部分文字："故南武阳平邑功曹乡啬夫府文学掾平邑君郎之阙……天下相战……观朝廷离明明君……直左……具来考德成道以为国三老……章和元年二月十六日"。

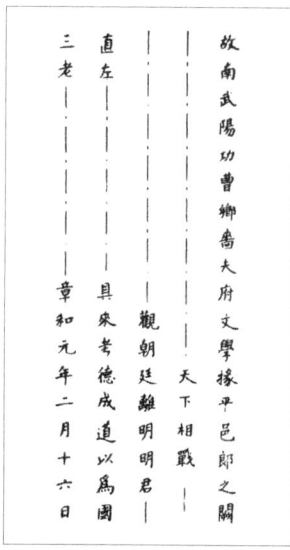

图1214

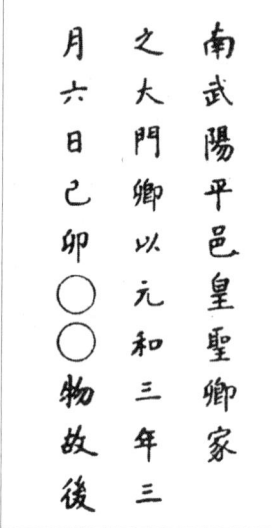

图1215

图155 武阳石阙：镌刻于公元86年的铭文

二、图155（宽52厘米，高115厘米）

西阙之一面。上面刻有一题记，中国金石学家辨认出其中的几个字（图1215）："南武阳平邑皇圣卿家之大门，卿以元和三年三月六日己卯□□物故后"。

在此题记旁，有一人蹲着或坐在地上，正朝飞鸟搭弓射箭。参阅图52左侧。

在下一层画面上，三只飞鸟拉一车，很像图171左上的那些飞鸟。

三、图156（宽54厘米，高114厘米）

东阙之南面。一人坐在地上，似乎把腿伸出去，怀里抱着两个人物的蛇尾，从这两人手中拿的矩和规来看，我们辨认出这是伏羲和女娲（参阅图123）。伏羲的右侧是主镇北方的朱雀，女娲的左侧是主镇南方的玄武（图144）。[1] 下面两层画面是车马出行队列；而在最下面那层画面里，有女乐师和杂技艺人，头朝下倒立者是一位男子，挥长袖起舞者是一位女子。至于说那几位女乐师，最右边一人手里拿的乐器很像图151右上所展现的乐器，紧挨着她的女子在拍掌，旁边一人弹琴，最后一人在吹笛子。

四、图157（宽41厘米，高112厘米）

在底层画面里，两人正用力敲一只大鼓，大鼓架在一支鼓托上，参阅图149、图151、图158、图160、图163、图1261、图1265。其他画面难以解释。

图 156　南武阳石阙

图 157　南武阳石阙

---

[1] 作者在此把镇守南北方的神兽给搞混淆了。——译注

第五节　六幅石刻画拓片

这六幅石刻画尺寸完全一样，都是宽47厘米，高57厘米。但我不知道这些石刻画是从哪里拓下来的。

图158：最下方是一幅庖厨场景：右边一人正准备杀猪，猪的四蹄被捆绑在一起（参阅图149）；一只羊拴在一根木桩上；两人正用一漏斗形器皿准备食物，漏斗架在三角支架上，下面置一陶盆，对食物作沥干处理（参阅图149、图160、图163、图1223、图1224、图1226、图1265）；另有一人在拨灶火，灶台上放着一只大釜，房梁上挂着几条鱼。在上一层画面里，一男一女正在跳舞，旁有两男子在敲鼓。

图158　出处不详石刻画第一幅拓片

图159：在下层画面里，有两辆马车，前有一导卒；上面右侧是打猎的场景，左侧有一象征太阳的三足金乌；另有两只神兽，其中一神兽为单人首，另一只为双人首。

图 159　出处不详石刻画第二幅拓片

图160：在上层画面里，有两位女乐师，右侧一人在吹梆笛，旁边一人所奏乐器与图151右上人物手中的乐器类似。在第二层画面里，一杂技艺人在耍抛球（参阅图48、图149和图151），一杂技艺人双肘撑身倒立，另有两人在敲大鼓（参阅图157）；再往下，是庖厨场景（参阅图149、图158、图163等）。

图160　出处不详石刻画第三幅拓片

图161：最上面一层是描绘月亮象征物的画面：两只月兔正在捣长生不老药，另有两人拿着棕榈叶。第二层画面：一辆辎车。下一层画面是打猎的场景。

图 161　出处不详石刻画第四幅拓片

图162：在顶层画面里，中间人物的衣冠打扮很像图171、图176、图1220、图1221、图1222、图1237、图1267里的人物，因此我们认出她就是西王母，六位男子分别跪在她的左右两侧，左右两端各有一个人身鸟首神兽，神兽背后有翼。在下一层画面里，中间两只月兔正在捣药，稍偏左一点是三足金乌，再往左是九尾狐（参阅图171、图193、图196、图1221、图1237、图1267）。在月兔的右侧，一只狐狸正在吹奏双管笛子。在下一层画面里，一车前有一导骑，导骑马鞍的右侧挂着一张弓，另有两步卒。最下层画面是打猎的场景。

图 162　出处不详石刻画第五幅拓片

图163：最上层画面里都是女乐师。中间一层画面里是杂技艺人、乐师，还有一面大鼓。最下一层画面是庖厨场景。

图 163　出处不详石刻画第六幅拓片

第六节 墓祠食堂

图 164　文叔阳墓祠食堂浮雕画

一、图164（宽60厘米，高84厘米）

两男子并排坐在一起，相互朝对方转过头，好像在聊天；两人中间上方有一飞鸟。旁边有一题铭，题铭这样写道（图1216）：

建康元年八月乙丑朔十九日丁未（144年10月3日），[1]寿贵里文叔阳食堂，叔阳故曹史，行亭市乡啬夫[2]，廷功曹府文学，有立子三人，女宁，男弟叔明，女弟思，叔明蚕天春秋，长子道士□，丘成□直钱万十，故曹史市掾。

此石碑是1833年在山东省鱼台县凫阳山发现的，发现者名叫马星垣，字铁桥，他将此石碑移置到了自己家里。[3]

图 1216

---

[1] 在此有必要对原题铭作一个修正，因为十九日应当是**癸未**。

[2] 啬夫为官职名，引自《书经·胤征》（理雅各英译本第三卷，第651页）。

[3] 翟云升：《隶篇续》绪论，第1页。

图 1217 翻印自劳费尔先生收藏的一幅拓片

二、图1217[1]

1839年，马星垣在雨城一个名叫王凤林的地方找到另一块画像石，此石与前一石类似。1841年，徐宗干将此石移置济宁州文庙，与孔子见老子画像石并存一处。这块画像石上有一题铭，上面这样写道：

永建五年大岁在庚午二月廿三日（130年3月26日）……立此食堂……何意被天灾，蚤离父母……五千……。[2]

此题铭以及前一题铭当中所提到的食堂通常都建在墓冢旁，为悼念先祖，后人会在食堂里摆放食物，这类食堂也许与我们在介绍嘉祥县武氏家族墓冢时所提到的祠堂类似。

---

[1] 在此感谢劳费尔先生，将此拓片借我一阅。在图1217上可以看到，画像石下有几篇跋。在永建五年刻石这几个字的右边，有徐宗干撰写的跋，讲述此石已移置济宁州文庙，旁边还有杨铎写的跋，叙述了此石的发现及辨读过程，还有一篇许瀚写的跋。

[2] 翟云升：《隶篇再续》绪论，第2—3页。

第七节　沂州石刻画[1]

（图165，宽46厘米，高53厘米；图166，宽57厘米，高52厘米）

图165　凤凰图

图166　飞鸟图

　　1846年，许瀚（字印林）在山东省沂州附近发现了四块画像石。其中一块画像石展现了两人面对面席榻而坐，依照阮元的说法，此图表现的是伏生口授《尚书》的场面。另外三块画像石应该是一个整体：在其中的一幅石刻画里（图165），能看到一只鸟，旁有榜题"凤皇"；另一幅石刻画上也刻着一只鸟，但要小很多，旁有榜题："东安王钦元"，再往后，有"三月七日囗"，但此榜题当中的第二及第三字看不太清楚，而最后一个字应该是"凤"。如果这个解读得到大家认可的话，那么"凤"字就是指这只鸟，而且与前面的字没有任何关联，而其他字的意思是"三月七日"。但这仅是推测而已。至于说第三幅石刻画，我认为没有必要再复制了，因为上面仅有一个"元"字。

---

[1]　有关此摩岩石刻，可参阅《十二砚斋金石过眼录》卷二，第18页；《金石学录补》卷四，第9页；《金石跋》卷一，第24页。

第八节　李翕颂（171年）

（图167，宽96厘米，高137厘米）

（图168，右图宽145厘米，高143厘米；左图宽54厘米，高59厘米）

图167　李翕颂摩崖石刻画

我在西安府逗留期间，曾从一商人手中购得几幅摩崖石刻的拓片，碑文刻在甘肃省南部**成**县的一处高山石崖上。其中一幅拓片上有一条**黄龙**，黄龙下有一条盘绕的小龙，但小龙在拓片上不是很清楚，我不敢贸然去描绘其轮廓，正如我为这幅拓片上的其他图像所做的那样。在龙的右侧有一只**白鹿**；再往下，右侧有一人伸出双手去接露水，此为**承露人**，因为画像上有另一榜题，告诉我们此时**甘露降**。左边是**嘉禾**，一根茎上长出多条禾穗；再往左，两棵大树连接在一起，形成那种神奇的

图 168　李翕颂铭文

木连理。在这幅画面的下方有五行汉字（我手中的拓片仅能看到前两行），汉字是这样写的：[1]

> 君昔在渑池，修崤嵌之道，德治精通，致黄龙、白鹿之瑞，故图画其像。
>
> 上官掾上禄，[2] 上官正，字君选，□□□□，上禄杨嗣，字文明，□□□□，掾下辨[3] 李京，字长都。

正如大家所看到的，这段铭文不完整，铭文既未指明颂文为谁而作，也未注明镌刻日期，仅画出了两只神兽，即黄龙和白鹿。一官吏在河南省西部渑池县任职时，在县城西四十五里处修通了一条路，尽管此路如今依然很难走，但它穿越陡峭的悬崖，打通了黄土高原的重重屏障，是最早由河南府到西安府的通道之一，当地由此出现了黄龙、白鹿这样的瑞象。

不过，这位官吏还在甘肃省成县修建了一条道路，值此机会，有人又撰写了一篇铭文，并将其镌刻在第一篇铭文后，此文表述得更清楚。它镌刻于建宁四年（171）六月十三日壬寅，铭文告诉我们此官吏不惧艰难险阻，率领众人修路，他名叫李翕，虽然《后汉书》并未为此人立传，但这部史书也未完全忽略他，当然提到他名字的那段文字非常简短，而且不是在表扬他，只是在说起其他官员时，顺便提起他的名字：162年，由于他们滥用暴力或因能力有限，让朝廷感觉在甘肃地区遭受很大的威胁，李翕被朝廷指责**多杀降羌**（《后汉书》卷九十五，第2页）。尽管如此，李翕并未因此而受贬黜，这篇镌刻于171年的铭文告诉我们，他后来又升任武都太守，武都位于今成县一带。李翕所修建的道路似乎就在汉水流域的一条河谷里，汉水是四川省境内**嘉陵江**上游的一条支流。

11世纪下半叶，一位名叫**曾巩**[4]（字子固）的人告诉后人，这篇讴歌李翕的颂文有两篇，一篇写于建宁四年六月十三日（就是我们手里的这一篇）；另一篇写于同年六月三十日[5]。虽然第二篇颂文已佚失，但我们应该承认确实有这样一篇颂文，因为曾巩所引用的片段对现存的这篇颂文作了部分更正。

现将这篇颂文（图168）[6] 转载如下：

---

[1] 作者把铭文法译本放入正文，将汉字放入了注里。——译注

[2] 上禄县位于今甘肃省成县西南部。

[3] 下辩县位于今甘肃省成县西三十里远的地方。

[4] 曾巩的传记载于《宋书》卷三百一十九，第7页。他在《元丰金石跋尾》一书中谈起这篇颂文，此书部分片段刊载于**学古斋金石丛书**；《金石萃编》（卷十四，第1页）则全文引述了他的论述。

[5] 据后人考证，后一篇颂文为《天井道碑》，这是两篇内容相近但又略有不同的颂文，并非如作者所说，后一篇颂文修正补充前一篇颂文。——译注

[6]《金石萃编》用古汉字复制了这篇颂文，而杨慎在其编辑的《金石古文》中则用当代汉字抄录了此文。铭文正文后附人名单，虽字体更小，但在拓片上十分清楚。同我一样，研究这幅摩崖石刻的中国大部分金石学家都没有见过原件，因此图像的位置、文字的排列形式等都有一定的不确定性。

汉武都[1]太守汉阳[2]阿阳[3]李君讳翕，字伯都。天姿明敏，敦诗悦礼，膺禄美厚，继世郎吏，幼而宿卫；弱冠典城，有阿郑[4]之化。是以三剖符守，致黄龙、嘉禾、木连、甘露之瑞。动顺经古，先之以博爱，陈之以德义，示之以好恶；不肃而成，不严而治，朝中惟静，威仪抑抑，督邮部职，不出府门，政约令行，强不暴寡，知不诈愚。属县趋教，无对会之事；徼外来庭，面缚二千余人；年谷屡登，仓庚惟亿，百姓有蓄，粟麦五钱[5]。郡西[6]狭中道，危难阻峻，缘崖俾阁，两山壁立，隆崇造云，下有不测之溪，阽芒促迫，财容车骑。进不能济，息不得驻，数有颠覆贾隧之害，过者创楚，惴惴其栗。君践其险，若涉渊冰。叹曰："诗所谓'如集于木，如临于谷'。[7]斯其殆哉！因其事则为设备，今不图之，为患无已。"敕衡官有秩李瑾，掾仇审，[8]因常繇道徒[9]，鐉[10]烧破析，刻刍[11]礁[12]巤，减高就坤，平夷

---

[1] **武都**郡府位于今甘肃**阶州成**县西八十里。

[2] 汉阳郡府位于今甘肃省**巩昌州伏羌**县内。汉阳郡原名**天水郡**，公元74年更名为汉阳郡。

[3] **阿阳**位于今甘肃省**平凉州静宁**县南部。

[4] 我未找到任何历史文献，能详细解释**阿郑**的意思。我推测这两个字是指**阿衡和郑当时**。阿衡的大名**伊尹**恐怕更为人所熟知，他是殷朝创建者汤的著名丞相（参阅《史记》法译本第一卷，第117—180页）；郑当时在汉武帝执政时任大司农，公元前120年，他提议开凿一条运河，使粮草运输更为便捷（参阅《史记》法译本第三卷，第526—527页）。

[5] 这或许相当于卖一升谷物的钱。

[6] 武都郡府位于成县西八十里，再往西走就来到汉水的峡谷了（不要把此汉水与流经陕南和湖北地区的汉江相混淆），也许正是那里需要修建道路。

[7] 《诗经·小雅·小宛》。

[8] 我们手中的版本与曾巩看到过的版本之间在此有较大出入：对于"敕衡官有秩李瑾掾仇审"一句，曾巩的版本为"乃与功曹史李昊定策，敕衡官掾仇审治东坂，有秩李瑾治西坂"。因此在我们的版本里，**衡官有秩**是仇审的官衔，**掾**为李瑾的官衔；而在曾巩的版本里，**衡官掾**为仇审的官衔，**有秩**为李瑾的官衔。根据《前汉书·百官公卿表》的论述，**衡官**是**水衡都尉**的下级官吏，学者们后来一直在争论，到东汉时期衡官这一官职是否依然存在；即使被取消了，那么在实施重大工程时也会临时复用这一官职。

[9] 徒字同**途**。

[10] 鐉字应有一同音异义字，但我很难确定是哪一字，仅根据推测译为"清理"。

[11] 《金石古文》将此字抄写成**臽**，但我认为应该是**凸**字。

[12] 礁字意为**催**。

正曲,枊致士石,坚固广大,可以夜涉。四方无雍,行人懽恫,民歌德惠,穆如清风,[1]乃刊斯石。曰:赫赫明后,柔嘉惟则,克长克君,[2]牧守三国;三国清平,咏歌懿德。瑞降丰稔,民以货稙。咸恩并隆,远人宾服。鐷山浚渎,路以安直。继禹[3]之迹,亦世赖福。[4]建宁四年六月十三日壬寅(171年8月2日)造。

---

[1] 《诗经·大雅·烝民》。

[2] 《诗经·大雅·皇矣》。

[3] 大禹率众在全国各地治理河流。

[4] 《金石古文》所载颂文到此就结束了,但是在拓片上还有一行字:**建宁四年六月十三日壬寅时府**。这几个字是指铭文是在哪一天镌刻的。至于说**时府**二字,此意为"他们在郡府任职时",此后列出十二个人物的姓名、字号、祖籍、官职等,名单字体很小。

第九节　菲舍尔带到欧洲的文物

图169—图172是从三块画像石及一画柱上拓下来的拓片，这些文物都是在山东省发现的，阿道夫·菲舍尔先生在1907年将其带到了德国。这是最早被人带入欧洲的汉代浮雕实样。1908年在哥本哈根举办的东方学者大会上，菲舍尔先生作了一个专题讲座，并将此文刊载在《通报》（1908年卷，第577—588页）上。

一、图169（宽224厘米，高43厘米）

画面右侧有两个主要人物，两人中间有一孩童，右侧人物将一只鸟搂在怀中，如果借用放大镜，可清晰地看出图中鸟的喙、头、肩；左侧人物撑着一支弯曲的拐杖。如果拿此图与图137（参阅图1213）的场景来做对比，我们完全可以认定，这里所描绘的是孔子见老子的场景。孩童头上及身后飞翔的鸟仅起填补空白的作用。

在老子的身后，可见一榜题，上书"周公"，此指站在老子身后的人物。周公身后的第三人是孔子的弟子**颜渊**，这也是榜题告诉我们的，颜渊身后是**子路**，从他的衣冠可以辨别出来（参阅图105、图125）。后面的七个人物很有可能都是孔子的弟子。这些人身后有一车，只有御者坐在车上；再往后，一人在用勺子喂一个怪人喝水，有两人站在他身后，怪人前有两只鸟在盆里啄食。我认为这是图104第一层画面最后一个场景及图124第二层场景的复制品。在那两个站立者前面有一榜题，《校碑随笔》（第47页）的作者辨别出**侍郎**二字，并认为前面还有两字；此外，在手拿勺子那人前面，还有一榜题，《校碑随笔》的作者辨认出**命垂下**三字，前面还有两字，但已很难辨认。《校碑随笔》的作者大概是在1908年编写此书的，依照他的说法，此画像石是在泰安府附近发掘的，后来被移置济宁州，菲舍尔先生认识的文物贩子恐怕就是在济宁州买走了这块画像石。

图169　阿道夫·菲舍尔教授带回柏林的石刻画

图170　阿道夫·菲舍尔教授带回柏林的石刻画

二、图170

第一层画面：一座楼阁。在一双扇门两侧各坐着三个人，左侧人物戴的头冠与右侧人物的有所不同，但他们似乎都是男子。下层有一重要人物坐在榻上，把手放在面前的几上，一人在他面前附身跪下来，此人上方画着弩和箭筒。在屋檐和两边的檐柱上有飞鸟，还有一只猴子。

第二层画面：一辆三驾马车，车里坐着三个人；此车前有两导车，后有一从车，这三辆导从车均为两马拉车，车内乘二人。

三、图171

上层画面左侧，一人坐在木榻上，前有三只飞鸟，此画面与图155第三层画面类似，但在那幅画面上，飞鸟似乎与木榻连在一起，在拉动木榻。劳费尔先生猜测这里表现的是织女星越过喜鹊搭的桥，去见牵牛星的故事。[1]这一猜测很奇妙，但我对此持保留态度。再往右，能看到西王母，从衣冠上可以辨认出来，三人跪在她面前，其中最后那个人为人身鸡首。下面是三足金乌、九尾狐（参阅图162）及两只月兔。

第二层画面：一人跪在另一人面前，此人身后站着一位侍从，跪倒在地者身后站着五个人。

第三层画面：两辆两匹马拉的轩车。

---

[1]　劳费尔：《中国汉代墓雕》，第32页。

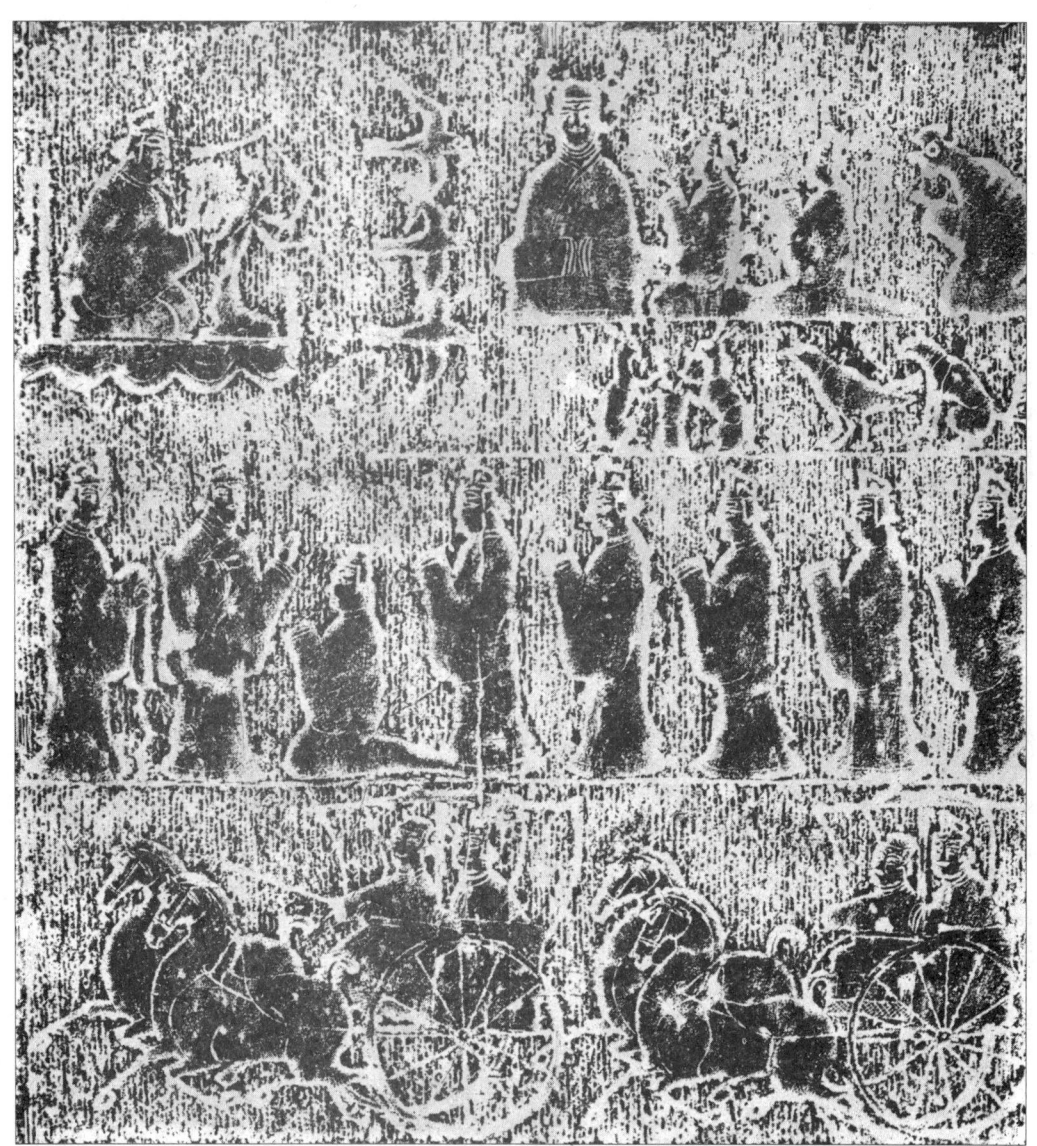

图 171　阿道夫·菲舍尔教授带回柏林的石刻画

四、图172

这幅拓片是一根画像柱的展开画面,画像柱的照片刊载在1908年的《通报》(第582页)上,整个画面表现出舞动的人物及奔跑的神兽;画面中间有一榜题,上面刻着"**建和元年**(147)**五月**□□□**日造**"。[1] 那一年武梁祠石阙恰好建造完毕。

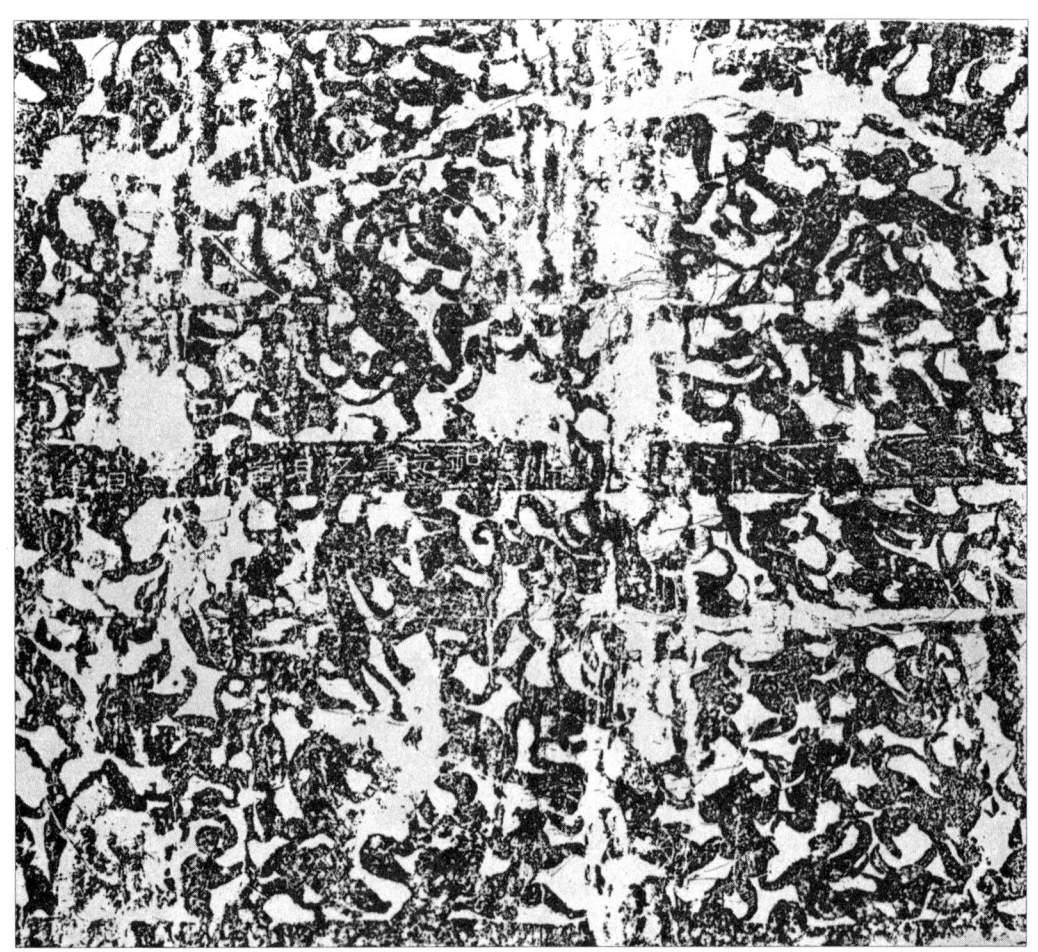

图172 菲舍尔教授带回柏林的一根画像柱展开画面

---

[1] 有人认为所缺的三个字应该读作**巳酉朔**,不过这同拓片上隐约能看出的笔画轮廓对不上,也许应该读作**庚戌朔**。

第十节　济宁晋阳山慈云寺石刻画

　　这一组共有六块画像石。[1]第一块画像石的尺寸为宽59厘米，高55厘米。第一层画面：中间是西王母，从其衣冠上可以辨别出来；右侧为一侍从，还有三足金乌、双头四足兽及两只月兔。左侧两人跪在地上，另有一鸟首人身带翼者（图171）。第二层画面：一轺车，前有两弩兵，后有一从骑。第三层画面：打猎的场景（参阅图161和图162）。

图176　晋阳山第一石

---

[1]　《山左金石志》卷八，第13页。

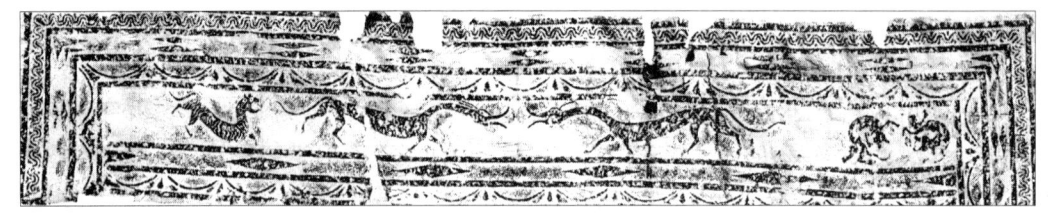

图 177　晋阳山第二石

　　晋阳山的其他五块画像石属于同一建筑，大家可参阅关野贞先生的文章，他在此文里附录了这五块画像石的拓片。[1]我手中仅有其中一块画像石的拓片，此石宽245厘米，高50厘米（图177）。此石画面中央有两条螭龙，左边一虎，右边两条蜷曲的蛟龙。第三块画像石的边框与前一石相同，画面中央有两条鱼。第四块画像石上有一条长着两只犄角的蛇，上下有许多小神兽。在第五块画像石上，两只鸟面对面站立，喙上叼着一根线，线上串着珍珠；两根线又连在一起（参阅图150、图1263和图1268）。第六块画像石上有两条蜷曲的蛟龙，左边和右边各有一造型，但很难看出是什么东西。

---

[1]　见《国华》杂志第二十卷，第233期，第130页。

第十一节　持斧男子石刻画像（图180，宽36厘米，高65厘米）

根据《金石索·石索》（卷四，第40页）[1]的描述，此画像石嵌入在**白杨树**村关帝庙的左墙里，白杨树村位于山东省**邹**县。画像石上有一持斧男子，在其长袍下能清晰地看到他的腿部轮廓。画像石左侧刻着**食斋祠园**，画面中的人物很有可能是守护祠园的人。**食斋祠**这个词也许等同于我们在图1216和图1217里看到的**食堂**一词。

图180　持斧男子石刻画

---

[1]　《山左金石志》卷八，第24页；《陶斋藏石记》卷二，第9—10页。

第十二节　汉鲁恭王墓石刻守卒

这两尊石刻雕塑以前就安放在**鲁恭王**墓前，此墓坐落在位于**曲阜**东南八里的**张屈庄**里。

1907年6月30日，我在那里找了半天，也没找到这两尊石刻雕塑。要是此前我知道中国金石学家公布的一件事，[1]也就不必去费这番工夫了，实际上早在1794年，阮元就将这两尊石刻雕像移置到了曲阜城内的**矍相圃**里。如今这两尊雕像是否还在那里呢？我不得而知。

我只好根据《金石索》里的图像来复原这两尊雕像，并依照《山左金石志》的记载来描绘它们：

> 二石人一人介而执殳，高六尺八寸，腰围七尺余，腹间刻篆书一行，曰府门之卒，字径五寸。一人冕而拱手立颔，下有痕如泪滴，高七尺一寸，腰围五尺四寸，腰围刻篆书二行，曰**汉故乐安太守麃君亭长**，字径四寸余。

公元95年，**千乘郡**更名为**乐安郡**，因此铭文肯定是在那一年之后镌刻的，石刻雕像显然是东汉时期的作品。

根据《书经》注释本的描述，在汉代**郦食其**的墓冢前，一尊石刻雕像胸前刻着**门亭长**。也许这三个汉字与鲁恭王墓前石刻雕像所用的**门卒**和**亭长**的意思相同。

图181　鲁恭王墓石刻守卒（翻印自《金石索》）

---

[1]　《金石索·石索》卷二；《山左金石志》卷八，第11页。

第十三节　郭泰墓碑（图182，宽140厘米，高60厘米）

此碑分为两部分：右侧有一楼阁，楼上坐着三个人，楼下一人抚琴弹奏，一人抛长袖起舞，另有三人跽坐一旁，好像在击掌打拍子；左侧有一大树，大树左上方有一队飞翔的鸟；手里拿着遮阳伞的人也许是强弩兵，他们向后仰身，以射杀飞鸟。

这是镌刻在一座石碑背面的场景，石碑现置于济宁州文庙内大成门东侧。石碑正面的大部分铭文已被用凿子剔掉了，不过通过仅存的碑铭文字，我们还是辨认出这是**郭泰**的墓碑。郭泰卒于**169**年，也算是一个著名人物，他的传记刊载在《后汉书》（卷九十八）里。他去世后，人们在山西省**介休**为他立了石碑，但此碑已在宋代佚失，不知去向，大家只是通过此前拓制的两幅拓片[1]知道有这样一座墓碑。不知这座石碑最后是如何落入济宁州的，能在那里见到这座石碑，我真是感到极为惊奇，更让人感到惊奇的是，我们发现从正面铭文看，石碑应竖立，但反面的石刻画却要求石碑卧置。

图182　济宁州画像石

---

[1]　《金石萃编》卷十二，结尾处。

第十四节　出处不详的石刻画拓片

一、图173—图175

173号和175号拓片出处不详，况且这两幅拓片意义不大。至于说174号拓片，根据劳费尔的说法，[1] 拓片拓自沂州府附近的一块画像石。

图173　出处不详的拓片

图174　出处不详的拓片

---

[1] 劳费尔：《中国汉代墓雕》，第27页。

图 175　出处不详的拓片

二、图178（宽56厘米，高65厘米）

此石出处不详。画面上刻着两根檐柱，柱上设重檐，两旁各有一棵小树。

图 178　出处不详的拓片

153　｜　第四章　其他各类画像石

三、图179（宽63厘米，高44厘米）

上一层：中间端坐一人，左侧一人俯跪在他面前，右侧一小人跽坐在旁。下一层：一马拉车疾步奔跑，车剧烈颠簸。依照劳费尔的解释（《孔子及其画像》，载《公开陈列区》杂志1912年3—4月期，单行本第11页），此场景表现的是孔子周游列国的故事。

图179　出处不详的拓片

四、图183和图184

这两幅拓片所展现的内容与图41和图42的相同。

图 183　出处不详的拓片

图 184　出处不详的拓片

五、图185（宽60厘米，高69厘米）

此石出处不详。上一层画面：有一匹马和两个人，榜题刻着人物的名字，但字迹已看不清楚。第二层画面：一匹辕马，另有一轺车。在每匹马上方，有榜题，上书**为郡□时**，所缺之字大概是"其"字，这里表现的是逝者一生当中的两个时段，显示他在郡府里担任不同的职务。这也许是在同一场景里表现逝者双重身份的唯一一幅画面。第三层画面：隔层装饰带。第四层画面：有六个人，榜题上注明每个人的姓氏，最左边一人的姓氏似乎是**王孙**。

图185　出处不详的拓片

六、图186（宽62厘米，高57厘米）

此石出处不详。根据《校碑随笔》（第48页）的记载，此画像石也许掌握在一个名叫**托活洛**（满族姓氏——编者注）的人手里。

上一层画面：如榜题所示，有**钩骑四人**；右侧有一株巨大的三叶植物，左侧能见一车尾。第二层画面：一骑兵，榜题上书骑仓头，但不知表示什么意思；左侧如榜题所示，有一**辎车**。下一层画面为一条装饰带。

图186 出处不详的拓片

七、图125（此处作者有笔误，应为图126。——编者注）

这幅拓片显然是从一石祠侧壁上拓下来的，拓片是**张毓琮**先生的私人藏品，我去**潍**县时专门拜访过他，他允许我把拓片拍摄下来。第一层画面：左侧是**君车**，后有三位从骑，最前面一骑是**铃下**，中间一骑为门下小吏。下层画面有三个骑手，最前面的骑手为**门下书佐**，最后面那位是**主簿**。画面右下方好像是一棵树，树的模样很像图186右上那棵植物。

就在我写下这些文字之后，此石壁被沃尔希先生带到法国，他把石壁的正反面拍成照片寄给我，照片翻印后列入图1272和图1273里。石壁反面刻有三只四足神兽，让人联想起图64和图72当中的神兽。

图126 出处不详的拓片，但绝非武梁祠画像石

图 1272　翻印自沃尔希先生拍摄的一张照片

图 1273　翻印自沃尔希先生拍摄的一张照片

八、图187（宽175厘米，高77厘米）图189（宽98厘米，高48厘米）

参阅后文对图1250和图1251的描述。

图187　出处不详的拓片

图189　出处不详的拓片

图188　出处不详的拓片

九、图188（宽188厘米，高40厘米）

此石出处不详，上面刻着车马出行图。

十、图191（宽35厘米，高105厘米）

此石出处不详。第一层和第三层画面：第一层和第三层画面上有两个守护神，守护神的造型让人联想起梁朝石柱上的辟邪物，石柱是在南京东北三十五里处发现的。[1]

第二层画面上刻着一只鸟，下面有一只四足神兽。我认为这块画像石是汉代以后的作品。

---

[1] 伊东忠太：《梁朝简王萧绩墓前的石柱与石狮》（载《国华》杂志1908年6月第217期，第319—331页）。

图191 出处不详的拓片

第十五节　射阳石门画像（图190，宽41厘米，高115厘米）

　　这幅拓片是从**射阳**石门画像的反面拓下来的，射阳为汉代置县，位于今**山阳**县东南方向，隶属江苏省淮安府。此石是乾隆年间由**汪庸甫**在**平家庄**发现的，平家庄属**宝应**县管辖（隶属江苏省扬州府）。此石如今应置于宝应画川书院里。[1] 石门画像的正面拓片刊载在《国粹学报》（第三年1907年第一号，美术篇）上，尽管拓片制作得比较粗糙，但我还是将其收入本书当中（图1218），因为这幅拓片毕竟有助于理解下文的描述。

图190　出处不详的拓片

图1218　翻印自《国粹学报》所刊载的拓片

---

[1]　吴式芬：《攈古录》卷四，第25页；《金石萃编》卷二十一，第8页。

正面（图1218）。第一层画面：画面中有三人，榜题字迹还算清楚，根据榜题提示，中间一人是孔子，老子在左侧，一位弟子在右侧，我们在此又碰到孔子见老子这个著名题材（参阅图137、图169、图1223、图1235）。

第二层画面：中间有一面大鼓，两人分立两侧用力敲鼓，大鼓华盖上方坐着一人，他张开双臂，叉开两腿，有作者在《国粹学报》上撰文介绍此画像，他认为这个雕塑人物名叫丰。丰其实就是一个托着酒杯的小塑像，此图表现的是这位丰王子因贪杯中物，而葬送了自己的王国，在此也给那些喜欢无节制喝酒的人一个警告，[1]这幅石刻画也许画的就是这样一个小塑像。不过，我对这个解释难以信服，因为小塑像并没有托着酒杯，因此也就看不出它如何用来去警示那些酗酒的人。

第三层画面：庖厨的场景，虽然画面缺陷较多，但还是能辨认出挂在房梁上的各种食物；右侧灶火上放着一陶罐，水烧开了，一女子正看着灶火；左侧有两人，其中一人手里拿着一盘食物，另一人手里拿着一条大鱼。

反面（图190）。上面一格是一只飞鸟；中间一格有一怪异的头像，口中含着一只大圆环（参阅图69和图70）；下面一格一人右手持长剑，左手拿着藤盾。

这个古文物很有意义，因为这是迄今在江苏省发现的唯一一块汉代石刻画实物。

---

[1] 聂崇义：《三礼图》卷十二，第5页。

第十六节　不其县令石阙

图192　不其县令石阙上的浮雕画（翻印自《隶续》）

此图所展现的场景镌刻在**汉故不其令董君阙**上。我们依照洪适的《隶续》（卷五，第27页）复制了这幅图片，此图也刊载在《金石索·石索》（卷二，倒数第2页）上，此外叶奕苞在其《金石录补》（卷六，第6页）里还特为此图撰写了一篇简介。

画面左侧有一墓冢，旁边种着三棵树，两人在香炉里点燃香火之后，便俯身跪倒在墓冢前，后面有一女子领着孩子，女子身后并排站着六位男子。再往下有一棵大树，一匹马拴在树杈上，人们好像把鞍辔也挂在树杈上，一人站在马后面，左侧有一女子，她面前有三只鸟（也许是鸡鸭）和一只乌龟。

石阙是为一个名叫**童恢**的墓主人建造的，《后汉书》（卷一〇六，第9页）还专为他撰写了一篇传记，但遗憾的是，《后汉书》并未明确指出纪年年代。叶奕苞曾发起一场辩论，以探讨石阙上的**董**字是否等同于史书当中的**童**字，或是等同于**董**字，再不然就是与这两个字完全不同的一个字。在斯坦因（Marc Aurel Stein）搜集的汉代史料里，我们找到《急就章》一书的片段，在此书当中，**董**字被更改成**董**字。因此，这个问题也就迎刃而解了，在汉代时，**董**姓家族的董字就书写成**董**字。

根据洪适所引述的《碑录》记载，童恢的墓冢坐落在**任城**，即今山东省**济宁州**地界上。

童恢曾任**不其县令**，不其县城位于今山东省莱州府**即墨**县西南方。

第十七节　汉代墓碑

图193—图196翻印自洪适的《隶续》卷五，这是镌刻在四尊汉代墓碑反面上的石刻画。由于图193最难解释，我首先介绍图196：画面上方是三足金乌和**九尾狐**，九尾狐是祥瑞动物之一。[1]把

图193　汉代墓碑（翻印自《隶续》）

图194　汉代墓碑（翻印自《隶续》）

---

[1] 与九尾狐有关的主要文本有：《瑞应图》，此书有这样一段文字："九尾狐六合一同则见"。在汲县墓中发现的《竹书纪年》告诉我们"**青丘狐九尾**"，青丘是传说中的国度，位于大海的东方。在描述九尾狐时，《山海经·海外东经》（卷九，第2页）说"**其狐四足九尾**"，亦可参阅《山海经·大荒东经》（卷十四，第4页，此卷当中也有类似的描述）。《白虎通》以寓言形式讲述了这一传说："狐九尾何？狐死首丘，不忘本也，明安不忘危也（借尾言危的谐音文字游戏）。必九尾者也？九妃得其所，子孙繁息也。于尾者何？明后当盛也。"《宋书·符瑞志》（卷二十八，第7页）记载，九尾狐出现过三次，第一次"文王得之，东夷归焉"；第二次和第三次分别出现在汉章帝元和年间（公元84—86年）和魏文帝黄初元年（公元220年）。《竹书纪年》称夏朝帝杼得到一只罕见的九尾狐（参阅理雅各英译本第三卷绪论，第21页）。

九尾狐和三足金乌放在一起很有意思，我们由此推测，在其他石刻画里（图162、图171、图1221、图1237、图1267），凡是同三足金乌画在一起的狐狸都是九尾狐。在三角楣的下方，石碑展示了六大玉礼器，左上一枚是**瑁**，瑁的下面是**圭**，瑁与圭可嵌在一起；上面中间一枚八角玉是**琮**，琮的下面是**璜**；右上是**璋**，璋的下方是**璧**。再往下有两头驴，有一人骑在驴背上；最下面是一个牛首像。此碑名为**六玉碑**。

图195：六大玉礼器上面有一**朱鸟**，此为主镇南方的神兽；最下面有一组龟蛇像，这是**玄武**，系主镇北方的神兽。在其他汉代画像石上（参阅图144、图156）也能看到类似的排列形式。

图194：在六大玉礼器当中有一牛首像，头像下有一圆环，像是牛用嘴叼着它，三角楣上有一鸟，《隶续》认为这是一只凤凰，对于石碑下方的四足兽，《隶续》认为是一只麟。此碑为**柳敏**（卒于169年，参阅《隶释》卷八，第8—9页）墓碑。

图193：这里只有六大玉礼器的五枚礼器，玉器璜被拿掉了。五枚礼器中间有三只神兽，左边的九尾狐（参阅图169及其他图）。石碑下方为一牛首像，牛首像旁有一榜题，过去能看到榜题书写三个人的名字。此碑为**益州太守**（卒于155年，参阅《隶释》卷十七，第12页）墓碑。

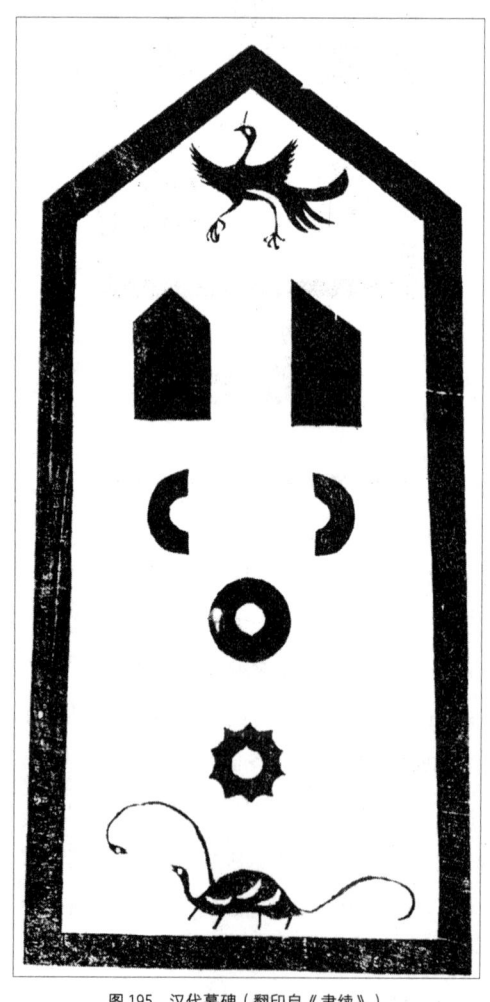

图195　汉代墓碑（翻印自《隶续》）

图196　汉代墓碑（翻印自《隶续》）

第十八节 汉砖

《**金石契**》是一部金石学专著,作者名叫**张燕昌**(字仲鱼,号芑堂,又号金粟山人),生于1738年,卒于1814年,撰写此书序言的落款时间为乾隆四十三年(1779),此书收录镌刻在各类物体上的铭文,包括兵器及砖石等。我所采用的版本为1896年的重刻版,书后附录一篇同年由**刘世珩**撰写的释文。

此书以中国古代五声音阶来分册,在**羽**分册里(第13—14页和第105—106页),我发现两块汉砖,我把汉砖上的图案抄绘下来(图197和图198)。这是人工烧制的大块砖石,用于建造墓冢,其中一块(图197)展现这样的画面:左侧有三车一骑,中间有一蓄着胡须的站立者,他头边有榜题,上书**亭长**二字。根据《**汉官仪**》的描述,亭长是从年二十三岁至五十六岁的兵役中选拔的,[1]汉制十里设一**亭**。汉墓砖上的这个人物大概生前就是一位亭长,旁边的车马出行图里或许就有他。

第二块汉砖并未告诉我们墓主人是谁,它仅展现出一幅车马出行图,这也许是逝者生前的一幅写照吧。

图197 汉砖(翻印自《金石契》)

图198 汉砖(翻印自《金石契》)

---

[1] 《后汉书》卷三十八,第3页补注。

第十九节　汉王稚子阙画像

王涣，字稚子，卒于105年，《后汉书·循吏列传》（卷一〇六，第4—5页）中有一段文字记述了王涣的业绩。王涣在洛阳令任上去世之后，当地的民众感激他，为他在**洛阳**（河南府）建立一座祠堂。延熹年间（158—166年），汉桓帝宣布废除非正统的教义，把各类祠堂悉数拆毁，仅保留两座祠堂，王涣祠堂即为其中之一（参阅《后汉书·循吏列传》卷一〇六，第5页）。民众在他生前任职的地区，即四川成都府**新都**，为他建立了一座寺庙，与此同时，还在距新都县城北十二里其墓冢前建造了两座石阙。但是从崇祯年间（1626—1644年）起，[1] 这两座石阙就已被拆毁，残垣断片都散落在地上。此外，右石阙的散落物在1731年也完全不见了，不过另一座石阙的若干阙石如今依然存世，为残存于世的阙石拍几张照片，或作几张拓片并非不可能，但我在此只能把《金石索·石索》（卷四，第29页）里刊载的图片复制下来（图199），并附上叶奕苞根据洪适的《隶续》所做的描述：[2]

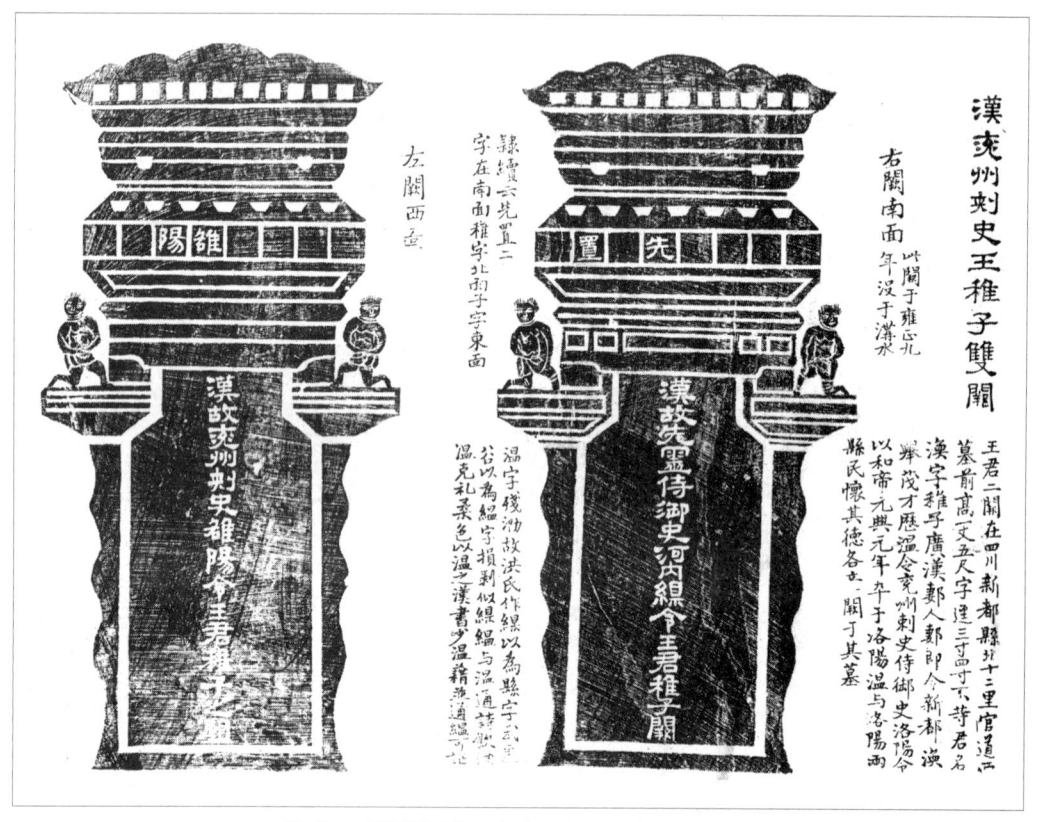

图199　四川新都县王稚子石阙（105年，翻印自《金石索》）

---

[1]　参阅黄易就此撰写的论述，此文收录到《金石萃编》（卷五，第6页）中。

[2]　《金石录补》卷六，第7—8页。有关王稚子石阙的描述，亦可参阅洪适的《隶释》卷十三，第1—2页；《金石萃编》（卷五，第6—8页）引用了前代金石学家的描述。

石阙四周方数尺，上琢楼屋为盖，如今寺观中经幢。阙之两角有斗，斗上镌耐童儿，又作重屋[1]四壁，刻坐莲之像四，左右一小儿，其像若今祠刹中所谓天王者。狮象之间僧四，乘马者四，人引车者二，乘车者以绳拽兽者一，中兽而立者亦一，耐童儿二十七，神（身）体不具者三，龙一，象一，狮子八，其六在，五角兽四，半体者五。

从这篇描述来看，王稚子石阙上的浮雕画显然带有浓郁的佛教色彩，不过这不大可能，因为王稚子是在105年去世的。因此，首先还是应当去寻找左石阙的阙石，这些阙石也许一直保存下来；接着再去找石祠，石祠是否一直保存至今，仍然是一个悬而未决的问题；最后还要去找早期的拓本，由于看不到实物，这些拓本要么可以证实洪适的描述，要么就会推翻洪适的论述。

在其中一座石阙上，可以看到这样的题铭：

汉故先灵[2]**侍御史河内**[3]**县令王君稚子阙**。

另一座石阙的题铭是这样写的：

汉故兖州刺史[4]**洛阳令**[5]**王君稚子之阙**。

这两座石阙的背面有后人刻写的铭文，我们在此不再赘述。

---

［1］ 我推测这是指带双槽梁的石祠，类似孝堂山石祠的结构。

［2］ **先灵**意为逝者。

［3］ 王涣曾任河内郡**温**县令。

［4］ 王涣由温县令升为兖州刺史，兖州即如今山东省**兖州府**。

［5］ 洛阳虽为东汉的都城，但王涣由兖州刺史改任洛阳令，实际上是被降职了。

第二十节　济南府公立图书馆汇集的画像石

1908年，日本考古学家在华购得几块古画像石，山东民众对此反应强烈，甚至自发创立一个协会，以搜集、保护国家的瑰宝。协会将搜集到的十块画像石汇集到济南府的公立图书馆里，每块画像石依照干支排序编好号码。

图1219—图1224所展示的画像石是在**蔡氏园**里发掘出的，这些碑石好像为同一墓冢所有，或者至少出自于同一家族的墓冢。

一、图1219（甲）（宽160厘米，高47厘米）

画面展现的是一楼阁。在下层厅堂里，王凭几席榻而坐，一人伏地跪倒在王面前，这是汉代石刻画十分常见的场景（参阅图129、图150、图152、图170、图1225、图1232、图1258、图1264、图1268）。多人坐在楼上，其衣冠及姿态很像图150和图157里坐在同一位置上的那些人。楼上中间位置通常会画一扇门，门上设一龙头门环，但这里却刻着一个小人物，他站在那里，垂下长长的衣袖，让人联想起图147第三层画面上的幼年成王。楼阁外站着几个人，还有一辆辎车。

图1219

二、图1220（乙）（宽63厘米，高63厘米）

上面的人物也许是西王母。如同图171和图1222里的人物一样，右边那位鸟首人背上并无翅膀。左侧站立者与图1221右侧的站立者完全相同。

下面一辎车前有一导骑。两匹马都迈着侧对步，这一组画像石里所有的马都迈侧对步。

图1220

三、图1221（丙）（宽75厘米，高61厘米）

上面一层坐在中间的是西王母，看她的衣冠就能辨认出来，左侧为鸟首羽人（参阅图162和图172），右侧分别为站立者（参阅图1220）、三足金乌和九尾狐（参阅图162、图171、图196、图1237、图1267）。

下面一层为车马出行图。

图 1221

四、图1222（丁）（宽75厘米，高61厘米）

图 1222

171 | 第四章 其他各类画像石

尽管此图与前一图尺寸完全一样，但其下部边框弧形装饰方向相反。也许图1223与图1220属于同一墓祠，而图1222则与图1224有关联。

上面是西王母。最右侧为无翼鸟首人（参阅图1220）。

下面是打猎的场景。右侧一人用毕来捕捉野兔。另有两人一人肩上扛着毕，一人扛着弩。在最左侧，一人手持猎鹰（参阅图50左下）。

五、图1223（戊）（宽63厘米，高63厘米）

上一层画面：孔子见老子，孔子拿着一只鸟（参阅图137、图169和图1235），在画面上能隐约看出鸟头；孔子身后的三位站立者是他的弟子，他们手里拿着书简。

下一层画面：庖厨场景。

图 1223

六、图1224（己）（宽74厘米，高63厘米）

上一层画面：周公辅佐成王的故事。

下一层画面：庖厨场景。两人正宰割一头猪，另两人好像正在筛什么东西。一人用力拉一只羊，另一人正准备切鱼，又一人跽坐在灶台前，还有一人似乎正用竹管往灶火里吹气，好让火烧得更旺。

图 1224

七、图1225（庚）（宽137厘米，高49厘米）

这块画像石是本组汉代浮雕画里唯一采用减地阳刻法制作的，如同武梁祠石刻画一样。此石是在嘉祥县发现的，当时它就放置在关帝庙里，不过没有人知道它的原始出处。

右侧楼阁上，多位侍女服侍一女子；楼阁下，一显赫人物正给下属训话。

左侧上层：一辎车，前有一导骑。我们注意到那位坐在御者后面人物的姿态：他左手扶着伞盖的柽，右手搭在车舆的挡板上。左侧下层：一辆軿车，一女子好像刚从车上下来，朝楼阁走去，后面跟着一侍女。在最左边，三个侍女蹲在地上，下方有一猎兔狗（参阅图107和图124）和一男子。

图 1225

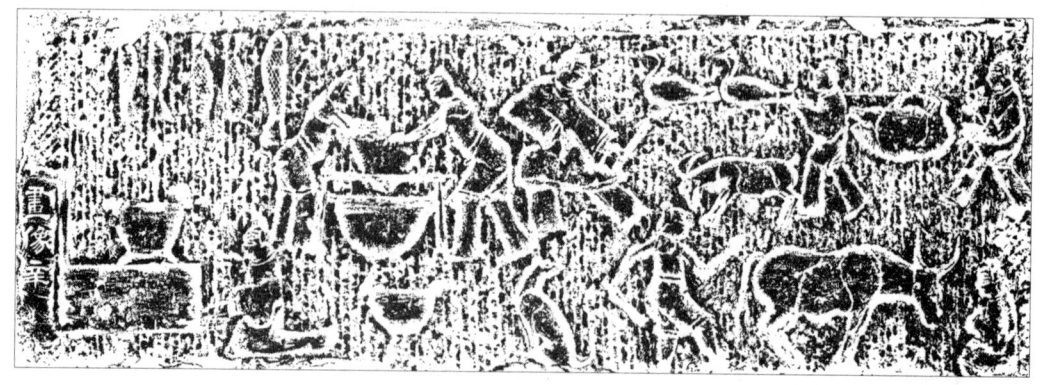

图 1226

八、图1226（辛）（宽72厘米，高27厘米）

有人说这块画像石是在肥城县发现的。画像石上展现出庖厨的场景。

九、图1227（壬）（宽52厘米，高27厘米）

此画像石及下一画像石出处不详。一轺车，拉车的马走侧对步。

十、图1228（癸）（宽61厘米，高30厘米）

右侧一男子牵着狗。左侧，一牛在狂奔（参阅图134左下）。

图 1227

图 1228

第二十一节　置于济南府的另外十块画像石

在搜集到我们刚介绍的这十块画像石之后，该协会又把另外十块画像石汇集到济南府，这一组画像石都是在嘉祥县发现的，每一块画像石都作好了编号。1号石出自刘家村，4号石出自焦城村，这两块画像石分别对应于我的图谱集当中的图148和图151。

一、图1229（2号石）（宽31厘米，高122厘米）

此石是在嘉祥县**七日山圣寿**寺发现的。此石虽漫漶极甚，但这幅浮雕画令人称奇。[1]我们注意到，下层画面有一场景与图148第二层画面的场景相类似。

图 1229

二、图1230（3号石）（宽135厘米，高39厘米）

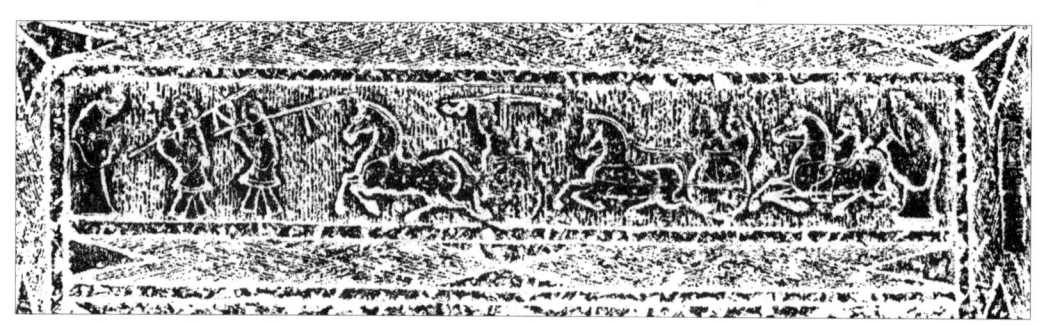

图 1230

---

[1]　《山左金石志》（卷八，第17页）描述了七日山的两块画像石，在其描述的第二块画像石里，我们辨认出图1229所刻画的场景：

第一石：高二尺，广二尺二寸。上层六马右驰，一人横卧地中；中层一神拱立，方冠耳上垂翅，跪侍四人，内二人身有翼，有一鸟具人足者亦跪侍旁，又有一小鸟；下层一车一马，车坐二人，前后骑者各一人。

第二石：高四尺，广九寸。第一层三人，有执戈执杆者；第二层一车一马，车坐一人，一人牵马；第三第四层并二人执板，又有一人，石已漶；第五层一人执板，一人旁立，余亦漶，但见马足二；第六层一人高冠向左立，一人双髻，耸肩正立；下列一龙有翼，余亦漶。

此石是在**隋家庄**关帝庙里发现的。

两辆轺车，前有两持戟导卒，后有两从骑。在车马出行的出发地和到达地，各有一男子，手持笏板，恭恭敬敬地目送、迎候。

三、图1231（5号石）（宽164厘米，高39厘米）

此石是在**上华林村**的真武庙发现的。

车马出行图。我们注意到有一匹马昂首直立起来，图1236里也有同样一幅图案。

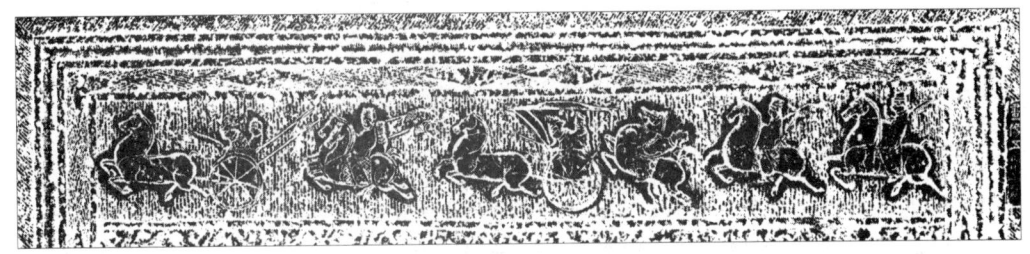

图 1231

四、图1232（6号石）（宽100厘米，高68厘米）

此石出自嘉祥县**吴家庄**观音堂。二层楼阁的场面（参阅图170）。

下一层画面很有意思，它展示一辆四驾马车的正面画像，马车两边各有两骑护卫，其中三名护卫将弓拉开后放在马的脖颈处，另一护卫（即最左边的护卫）手持长矛。

图 1232

图 1233

五、图1233（7号石）（宽112厘米，高37厘米）

此石出自郗家庄。

一辆轺车，前有一导骑，这匹马向前奔跑的姿势有些怪异，却很有活力。左边一步卒扛着一支长矛，长矛上系两条布带作装饰。一人手持笏板，恭候出行队列。

六、图1234（8号石）（宽85厘米，高42厘米）

此石是在嘉祥县学堂里发现的。

两辆轺车，后跟一从骑。

图 1234

七、**图1235**（9号石）（宽63厘米，高84厘米）

此石出自嘉祥县**洪家庙**。

这块画像石的画面可以理解为孔子见老子。孔子手里拿着一只鸟（参阅图137、图169和图1223）。下层画面：一匹卸套的马，但用绊索给拴住了，旁有一车，也许是孔子的车。

图1235

八、**图1236**（10号石）（宽157厘米，高39厘米）

此石是在**商**村发现的。

三辆轺车，后有两从骑。其中一从骑的马昂首直立起来（参阅图1231）。

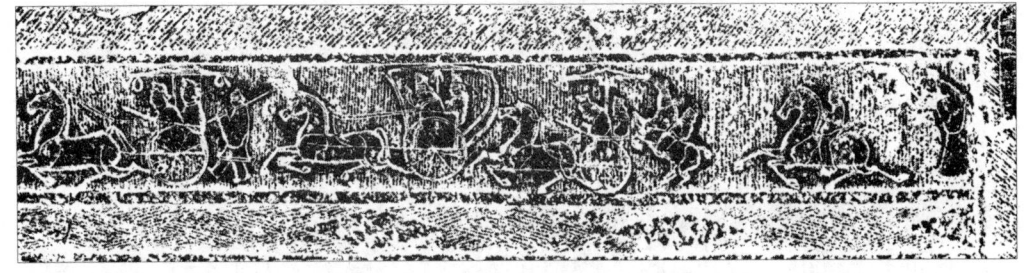

图1236

第二十二节　出处不详的石刻画拓片

我在一家日本书店里购得这幅拓片,但不知此画像石依然保存在中国,还是被运到日本去了。

上层画面正中坐着西王母,左端有一鸟首人物(参阅图1220和图1222),右端有一对人身四足兽(参阅图52右侧及图76)。

在上层分界线下方,从右到左是一只双人身人首四足神兽(参阅图159),一个小羽人,与图1221上层当中那个手拿棕榈枝的小羽人相似(参阅图1220),接着是月兔、九尾狐和三足金乌。

第二层画面为一车,前有一导卒,后跟一从卒。

下层画面为打猎场景。

图1237

第二十三节　两城山石阙

两城山是一座小山岗的名字,同时也是一个小村庄的名字,该村在济宁州东南五十里。

好几块画像石都是在两城山发现的,但坦诚地说,其发现地并非画像石的原始地,而是被嵌入到几座破败的庙宇墙壁里。其中一块画像石被汪涅克先生带到了巴黎。沃佩尔先生为另外六块画像石拍摄了照片,并将其附录到一篇论文里,论文的标题为"古代中国的石刻画及挖掘者"(载《人类学》杂志,1908年,第14—18页)。此外,埃德蒙·罗塔赫(Edmond Rottach)先生还在1909年1月亲自去两城山参观,并作了一系列拓片,但遗憾的是拓片制作得很差,根本无法翻印,不过这些拓片对我的研究还是有帮助的。1910年,应我的要求,山东巡抚孙宝琦阁下将这些画像石的九幅拓片寄给了我。1912年,赫伯特·穆勒先生将他拍摄的画像石照片借给我,并允许我翻印其中的部分照片。同时,我也注意到,《山左金石志》(卷八,第142—164页)对两城山的十六块画像石做了详细的描述,但我从上述照片和拓片里仅辨认出其中的几块画像石,不过却发现了几块中国金石学家未曾描述过的画像石。

一、图1238及图1238乙（《山左金石志》之第一石）（宽120厘米,高85厘米）

图1238翻印自沃佩尔先生的一幅照片,而图1238乙则翻印自赫伯特·穆勒先生借给我的一张照片。

画像石中心图案自成一体,与其他各层画面并无关联,看起来好像是一面大鼓。一只粗大的圆环将大鼓悬在两个小穹顶上,每个穹顶上有一雕塑,圆环两端各系一条波浪状粗带子,带子一端有鸟首像,大鼓两侧各有一人挥动长袖舞蹈。大鼓下面的一组造型看不太清楚,好像是两只四足兽,两神仙骑在四足兽背上。

图1238　翻印自沃佩尔先生拍摄的一张照片

图1238乙　翻印自赫伯特·穆勒先生拍摄的一张照片

现在我们再来看画像石的三层画面，上一层有一主殿，旁边各有一个侧殿。主殿两面坡屋顶上各有一只大鸟，一个人形小神仙似乎在给鸟喂食。

在第二层画面左侧有两人，其姿态很像图20里的人物。

二、**图1239**（《山左金石志》之第二石）（宽130厘米，高70厘米）

图1239翻印自一幅拓片。

第一层画面：一主殿，两侧各有一楼阁。

第二层画面：八人席地而坐，右端一人似乎肩生犄角。左侧两位女子正在练习舞蹈，左端坐着一人，似乎正在抚琴弹奏。

第三层画面：图1239并未翻印这一层画面，因为此层原版画面极不清楚。

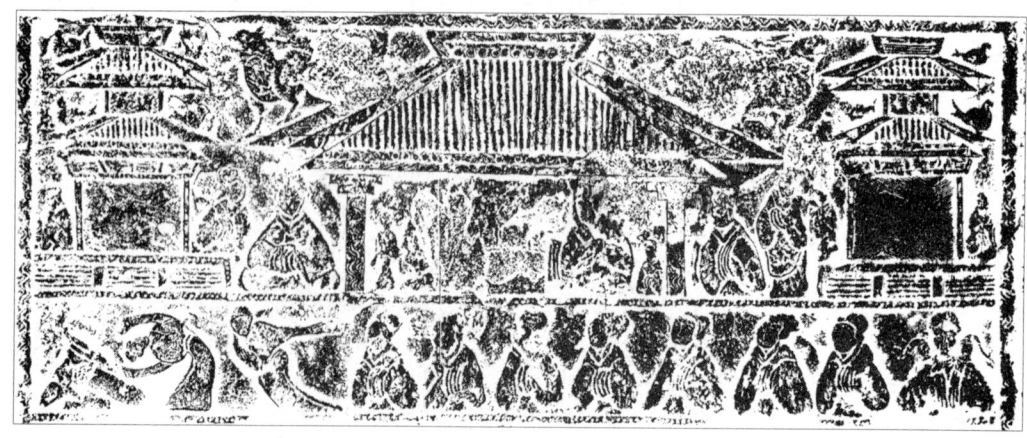

图1239

三、图1240和图1240乙（《山左金石志》之第五石）（宽75厘米，高75厘米）

图1240翻印自沃佩尔先生的一张照片，图1240乙则翻印自赫伯特·穆勒先生的一张照片。

第一层画面：两只大猎兔狗和一只小猎兔狗在围剿一只雄鹿和一只牝鹿。一人用强弩射杀逃跑的猎物，另一人则把强弩转到身后。

第二层画面：一棵大树的树枝都缠在一起，树端上栖息着几只鸟。大树两旁各有一人一马。

图1240　翻印自沃佩尔先生拍摄的一张照片

图1240乙　翻印自赫伯特·穆勒先生拍摄的一张照片

四、图1241和图1241乙（《山左金石志》之第九石）（宽85厘米，高85厘米）

图1241翻印自一幅拓片，图1241乙则翻印自赫伯特·穆勒先生的一张照片。

第一层画面：四只神兽，一个小神仙骑在最右端的神兽上。

第二层画面：八个人物，其中右起第二人为人首鸟身（参阅图75和图141山墙左图），右起第三人和第八人看上去像是女子，她们怀里抱着婴儿。

第三层画面：两棵树枝相连的大树，树端有猴子嬉戏，飞鸟从树上飞过。两棵树干之间有一人席地而坐。右边大树右侧有一马，左边大树左侧有一羊。左右两端各有一人，搭弓射箭，去射杀猴子或飞鸟。

图1241

图1241乙　翻印自赫伯特·穆勒先生拍摄的一张照片

图 1242　翻印自汪涅克先生拍摄的一张照片

五、图1242（宽87厘米，高45厘米）

这块出自两城山的画像石由汪涅克先生带到法国，并于1911年至1912年间在赛努奇博物馆展出，劳费尔先生在其《中国汉代墓雕》一书中对此石做了描述，并将此石图片附录于书后。卡鲁斯博士在《公开陈列区》杂志1911年7月期（第403页）上展示了此石剖面的照片（图1243[1]）。

第一层画面：两棵树枝相连的大树，树端栖息着十一只鸟，左右两角各有一只飞鸟；两棵树干之间有一人席地而坐，左边大树左侧有一匹马，右边大树右侧，我辨认出是一只羊，如同图1241乙里的羊一样。马和羊面前各有一只飞鸟。

第二层画面：六个人席榻而坐，每两个人一组，面对面相互对视，每个人都把头发盘成发髻。

第三层和第四层画面：每层画面均有七人，每人头戴一顶高冠。

在此石的一个剖面上（图1243），能看到一只怪兽，其下半身为虎或豹的后半身侧影，上半身为正面人身，他双手举过头顶，托着太阳。

图1243

---

[1] 图1243应与图1242的高度相同，因为它展现的仅是此石的一个剖面，而图1242所展现的是此画像石的正面。

六、图1244

此图翻印自沃佩尔先生的一张照片。

第一层画面里有七个席榻而坐的人。第二层画面里则有八个坐着的人。第三层画面上部已残泐，我们猜测这里有两棵树枝连在一起的大树，大树上方有飞鸟。

劳费尔先生对木连理图案做过仔细的研究，他认为这一图案在汉代艺术当中发挥着重要的作用，且有象征意义，它象征着夫妻间的爱情。[1]

图 1244

图 1245　翻印自沃佩尔先生拍摄的一张照片

七、图1245（宽85厘米，高60厘米）

此图翻印自沃佩尔先生的一张照片。

第一层画面：七个人物，每个人都拱手而坐。

第二层画面：建在湖边或河边的观景亭，观景亭由一根粗大的横梁托着，亭子里有两人，其他七人正沿着过道登上观景亭。远景亭右上有两人，正恭恭敬敬地迎候大家，两只飞鸟从他们面前飞过。左下有两只捕鱼篓，一人将手伸进捕鱼篓，往里放鱼或向外掏鱼，旁边有几只水禽。

在两城山的其他四块画像石上也有水边观景亭图案。

---

[1]　劳费尔：《中国汉代墓雕》，第6—20页。

图 1246

八、图1246（《山左金石志》之第十五石）（宽85厘米，高85厘米）

此图及下一图均翻印自赫伯特·穆勒先生的照片。

第一层画面：一只雄鹿和三只牝鹿朝左狂奔，以躲避猎杀。

第二层画面：水边观景亭。十四人席榻而坐。左边亭顶上有一猴；右侧有两只鸟，其中一只是鹬，它正用长喙啄鱼。左下是一条河，河上有渔船，一人站在船尾摇橹，另一人在船头撒捕鱼篓或渔网。再往下，右边一人从捕鱼篓里掏鱼。观景亭由一根粗大横梁支撑，亭子里坐着两个人，其中一人好像正用鱼叉捕鱼。

九、图1247（《山左金石志》之第六石）（宽75厘米，高75厘米）

此图仅展示水边观景亭画面。在观景亭右侧亭檐上栖息着一只人面大鸟，对面有一只类似的人面大鸟；观景亭左侧亭檐上有一只猴子。在河水里，右侧有一只鹭鸟，正用长喙去啄一条鱼；接下来有两条渔船，船上的人都拿着长篙；再往左，一人站在捕鱼篓前。在画像石的右下方刻着："**通号慧元俗名强思贤住**"。不过依照《山左金石志》的说法，这几个字是后人添加上去的，因此不必依此来推测浮雕画的创作年代。

此外，还有两块宽和高各八十五厘米的画像石，我此前因看过制作很差的拓片，知道有这样两块画像石，遗憾的是我手中没有照片。这两块画像石的上层画面是四条螭龙排成列队，骑手骑在螭龙背上。下层画面则展现水边观景亭图案，只不过细节上略有一些变化。

图1247　翻印自赫伯特·穆勒先生拍摄的一张照片

图1248　翻印自赫伯特·穆勒先生拍摄的一张照片

十、图1248（宽128厘米，高60厘米）

此图翻印自赫伯特·穆勒先生的一张照片。

一条蛟龙的前半段，龙身蜷曲，龙头后转，动感十足。

十一、图1249（《山左金石志》之第八石）（宽132厘米，高50厘米）

上层画面：七位骑手策马向左缓步骑行，他们将弓套斜挎在身体右侧，有一物遮住他们的左腿，《山左金石志》认为这是盾牌，但也许是箭筒。

下层画面：最右端四马驾车向左行，马车仅见华盖一角，前有两导骑，再往前有三导骑并辔而行，另有一导骑像是拿着一面战鼓，战鼓固定在马鞍架上，队列最前面还有两导骑。

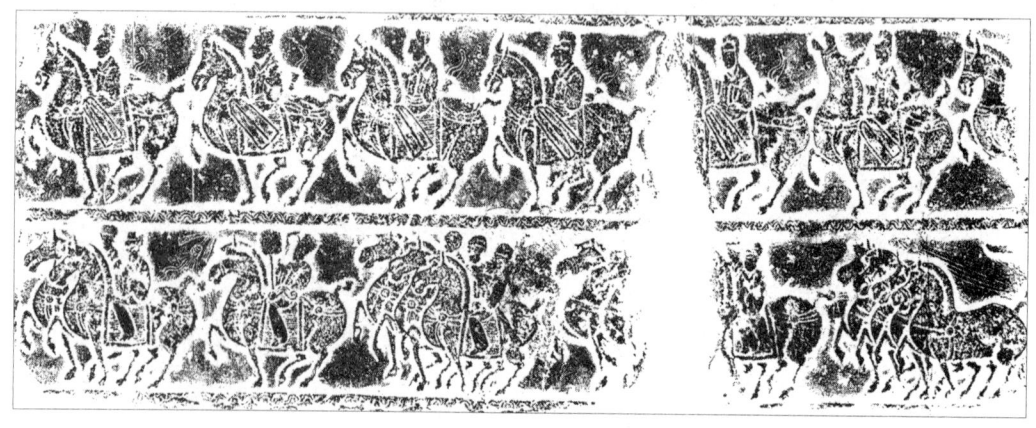

图1249

十二、图1250及图187（宽175厘米，高80厘米）

图1250（参阅图187）翻印自沃佩尔先生收藏的一块画像石照片。

画面右格里有一螭龙，螭龙前有一怪兽，长着像河马一样的头，它把头向右转过来。在左格里有一条鱼、一只猩猩和一个站立者。

十三、图1251及图189（宽95厘米，高48厘米）

图1251（参阅图189）翻印自沃佩尔先生收藏的一块画像石照片。

上层画面：一站立者，一只大象，一匹骆驼，一条应龙。

下层画面：前有两辆轺车，后有一从骑，从骑的马扭头向后看。

图1250　翻印自沃佩尔先生拍摄的一张照片

图1251　翻印自沃佩尔先生拍摄的一张照片

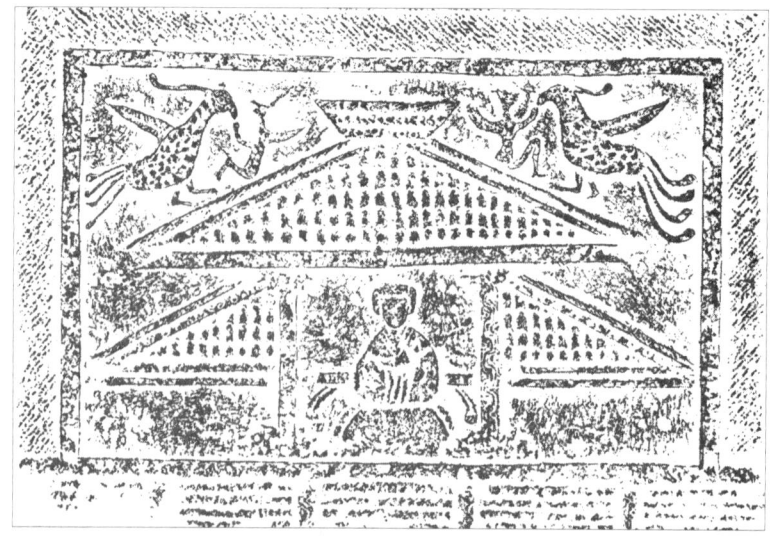

图 1252

图 1252 乙　翻印自赫伯特·穆勒先生拍摄的一张照片

十四、图1252及图1252乙（宽100厘米，高78厘米）

图1252乙翻印自赫伯特·穆勒先生的一张照片。

一座重檐殿堂上层屋檐两侧各有一只大鸟，鸟前各有一怪异的小羽人，似乎在给鸟喂食。殿堂当中有一人，似乎坐在一把扶手椅上。[1]

---

[1] 在图1252乙当中，画像石左侧有一现代石碑，上书著名的镇邪铭文："太山石敢当"。

鉴于椅子在汉代尚未问世，此人大概还是坐在木榻上，身旁的扶手应为凭几。——译注

十五、图1253（宽62厘米，高50厘米）

一楼阁，上下层各有一人；左侧有一马，右侧好像是一位站立者。

图 1253

十六、图1254（宽60厘米，高60厘米）

上层画面：三人站立，一人席榻而坐。

下层画面：一辆轺车，前有一导骑。

图 1254

十七、图1255（宽52厘米，高52厘米）

此画像石分成三层，每一层都坐着四个人，他们两人一组，相互看着对方，不过在第一和第二层画面左侧，又单独出现另一人。每个人戴的头冠都不相同。

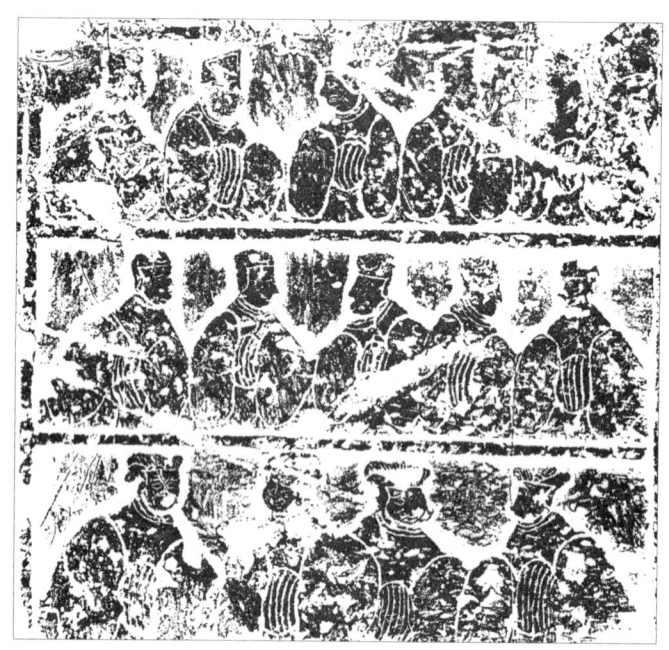

图 1255

十八、图1256（宽52厘米，高42厘米）

此石上部残泐极甚，如果画面完整的话，它很像图1255所展示的画面。

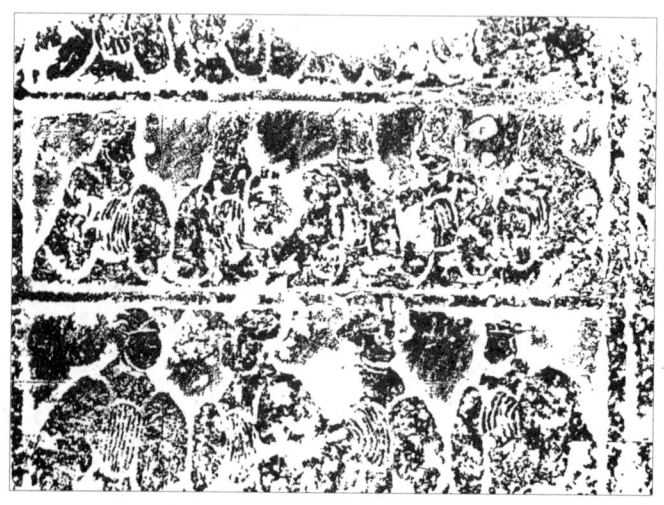

图 1256

十九、图1257

此图翻印自赫伯特·穆勒先生的一张照片。

在这幅画面里,仅有圆环里的斧头标志能看得清楚。这也许是两枚官符。

在石刻画的右侧,能隐约看出类似图1241侧端的画面。

图1257　翻印自赫伯特·穆勒先生拍摄的一张照片

第二十四节　汪涅克带到巴黎的画像石

我们已在前文介绍过这几块画像石当中的一块（图1242和图1243），并将其列入到两城山一节里。至于说其他画像石，它们的出处不尽相同。劳费尔先生对此做过细致的研究，并指出每一块画像石的出处，在介绍图1242时，我们也顺便提到了劳费尔先生的研究成果。鉴于劳费尔先生已对这五块画像石做过详细的介绍，在此推荐读者去阅读劳费尔先生的著作，我们仅在下文简单介绍一下这五块画像石。

一、图1258（宽63厘米，高54厘米）

根据劳费尔先生的描述，整块画像石的尺寸为宽110厘米，高80厘米，是在古卞城附近发现的，那里位于**泗水县**城东五十里。

一座二层楼阁，上层两人朝中间的双扇门走去。下层一显赫人物端坐的木榻上，一人跪倒在他面前，另有一人躬身旁立。楼阁外站着一人。

图1258　翻印自汪涅克先生拍摄的一张照片，照片对刻画人物作了修版处理

二、图1259（宽47厘米，高66厘米）

此石出自嘉祥县附近。

一楼阁，左右两根立柱向高处延伸，越过屋檐，形成两阙，阙顶上再盖一檐。两阙之间悬挂着一个大圆环，两根绳索在圆环当中纠结在一起。楼阁里坐着一人，楼阁外左右各有一人，他们手里都拿着强弩。

图 1259　翻印自汪涅克先生拍摄的一张照片

三、图1260（宽58厘米，高46厘米）

这块残石是在嘉祥县南部的山上发现的。

上层画面：一辆轺车，前有一导骑，后有一从卒。

下层画面：两人拿着毕；两只猎犬在追奔跑的野兔；左侧一人正准备射弩。

图 1260　翻印自汪涅克先生拍摄的一张照片

四、图1261（宽60厘米，高73厘米）

此石是在嘉祥县南部发现的。

第一层画面：五位女乐师席榻而坐，参阅图149、图151、图160、图163。

第二层画面：一面立式大鼓，两人在用力敲鼓（参阅图149、图151、图160、图163）。不过这里的鼓与其他画面里的鼓略有不同：鼓的华盖上方有一只鸟，这也许只是一种简单的装饰，鼓的左右两侧各垂下一根长绳子，一位站立者好像拽着绳子，很难确定此人在这儿究竟起什么作用。劳费尔先生将此场景解读为著名的河中捞鼎传说（参阅《中国汉代墓雕》，第24—25页）。

第三层画面：庖厨的场景。

图1261　翻印自汪涅克先生拍摄的一张照片

五、图1262（宽80厘米，高65厘米）

此画像石碎成了两块。

第一层画面：两辆轺车，这里能清楚地看到御者的鞭子。

第二层画面：右边一手持兵器的侍卫，接着是周公，他手里拿着一根手杖，手杖一端系着两根长穗；另一大臣为幼年成王撑着华盖，左侧站着三个手持兵器的侍卫。

第三层画面：一条螭龙，一个赤脚小羽人右手挥舞着鞭子。

图 1262　翻印自汪涅克先生拍摄的一张照片

六、图1263（宽66厘米，高84厘米）

此画像石左侧缺少一块。根据劳费尔先生的研究（参阅《中国汉代墓雕》，第28页），此石是在嘉祥县南吕村发现的。画像石上端的山墙表明，它是石祠的侧墙壁。这块画像石所采用的浮雕技法非常奇特，图案镌刻成半圆雕，背景刻成竖条纹。

山墙：两只鸟相对而立，喙中衔着两根线，线上串着三颗珍珠或三枚铜钱。这幅画面与图150左上及1268的画面很相像。

框饰：一条斜线装饰带；一条波浪装饰带；一条菱形图案装饰带，其中有的图案呈凸浮雕状，有的图案用斜线分割开；还有一条由一段段弧形构成的装饰带。

图1263　翻印自汪涅克先生拍摄的一张照片

主画面：上面有两条螭龙，中间有一奔跑者，手里好像拿着火把，一个个螺旋状物体也许表示卷云，画面上到处都飘着卷云。右侧有一鸟就栖息在一团卷云上。[1]

七、图1264（宽129厘米，高80厘米）

这块大画像石是在嘉祥县南某地发现的。

第一层画面：左侧有一骑手，四辆辎车，每车有御者乘客各一人，辕马似乎并没有戴马辔，就像武梁祠石刻画所展示的那样，而且缰绳与马嚼直接固定在一起。右侧还有一物，但看不清楚是何物。

第二层画面：一座重檐殿堂，殿堂两侧各有一柱台，柱台上设三重檐。下面左右各有一配备马鞍的马，两人面对面地坐着。殿堂内一显赫人物端坐其中，两个小人物跪倒在他面前（图129里也是两人跪倒在显赫人物前，而在图150、图152、图170、图1200里，则只有一个人俯跪在地）。两位侍从站在左侧，另一侍从坐在右侧。

在殿堂重檐上，有两只大鸟，面对面而立，但都扭头向后看。在殿堂重檐及柱台三重檐上隐约能看见人物及装饰图案，但很难解释人物和装饰在此究竟起什么作用。

图 1264　翻印自汪涅克先生拍摄的一张照片

---

[1] 且不说解读这些石刻画，即使是简单浏览一下所看出的场景，也往往只是推测而已。坦诚地说，在此画面里，我并没有看出劳费尔先生所辨别出的东西（参阅《中国汉代墓雕》，第29页）：在左侧螭龙下，他认为那里有一人头，戴着尖帽，但我认为那不过是螭龙的右后爪，龙爪压在一团团卷云上，除此之外，我看不出什么其他物体。况且在我看来，中间那个人手里并没有鸟头，右脚后也没有鸟头。

第二十五节　劳费尔所公布的石刻画拓片

在1912年3月期的《通报》上，劳费尔先生公布了五幅石刻画拓片，这几幅拓片是汪涅克先生刚刚从北京带回来的。我将拓片复制后收入此书，让本文集尽可能把资料汇集得更充分。

一、图1265

第一层画面：六位女乐师席榻而坐（参阅图149、图151、图160、图163）。

第二层画面：右侧鼓托撑着一面大鼓，上有华盖遮挡，鼓托落在一尊虎形雕塑上；两人正在敲鼓（参阅图149、图151、图158、图160、图163、图1261）。左侧一男子跳舞，一女子挥舞长袖（参阅图156、图158、图163）。

第三层画面：庖厨场景（参阅图117、图149、图158、图160、图163）。

图1265　翻印自劳费尔先生收藏的一幅拓片

二、图1266

从河里捞鼎的传说（参阅图52、图122、图148）。我们注意到，用石块砌成的河堤仅在河的一侧，如图148所展示的那样。在河里能看到一条鱼，还有一条船，船上有两人手持长篙。

图1266　翻印自劳费尔先生收藏的一幅拓片

三、图1267

第一层画面：端坐在中央的是西王母，从其衣冠上可以辨认出来，左右两边各有两侍从跪在地上。再往下，从左至右是九尾狐（参阅图162及其他图）、三足金乌（参阅图162及其他图）、两只捣药的月兔，在此象征月亮（参阅图75和图161及其他图），还有带着兵器的蟾蜍（参阅图75山墙左侧）。

第二层画面：一辆辒车，前有两导卒。

图1267　翻印自劳费尔先生收藏的一幅拓片

四、图1268

右侧是木连理图案，树枝相连的大树下有一卸辕的马车和一匹马（参阅图77、图107、图129）。中间部分几乎什么也看不出来。左侧有一楼阁，楼阁屋檐上有两只鸟，喙中衔着一根线，线上串着珍珠或铜钱（参阅图150和图1263）。楼阁上层坐着两位女子，中间有一道门将她们俩隔开（参阅图170）。楼阁下层有一显赫人物，一人或两人跪倒在他面前，向他致意。楼阁外左侧，上面有一侍女，下面有一侍从。屋檐的左角上有一猫头鹰。

此外，还有一块画像石，但劳费尔先生认为不值得制作拓片，这块画像石展现的是车马出行图，有四辆轺车，每车乘两人，后跟两从卒。

图1268　翻印自劳费尔先生收藏的一幅拓片

第二十六节 关野贞所公布的石刻画拓片

图1269和图1270翻印自关野贞先生在《国华》(第十九卷,第227期,第300页和第二十卷,第233期,第131页)杂志上所公布的拓片。

图1269分为五层:最上层有两条螭龙;下一层有七个人,遗憾的是榜题已被抹去;再往下是一条装饰带。在倒数第二层画面里,一显赫人物端坐在木榻上,身后有一凭几,几个人向他跪拜致意。最后一层画面也有七个人物,但名字已被抹去。

图1270展现的是宴席场面,左侧为庖厨场景,右侧有杂技艺人和乐师为宾客助兴。参阅图104下两层画面的左侧场景。

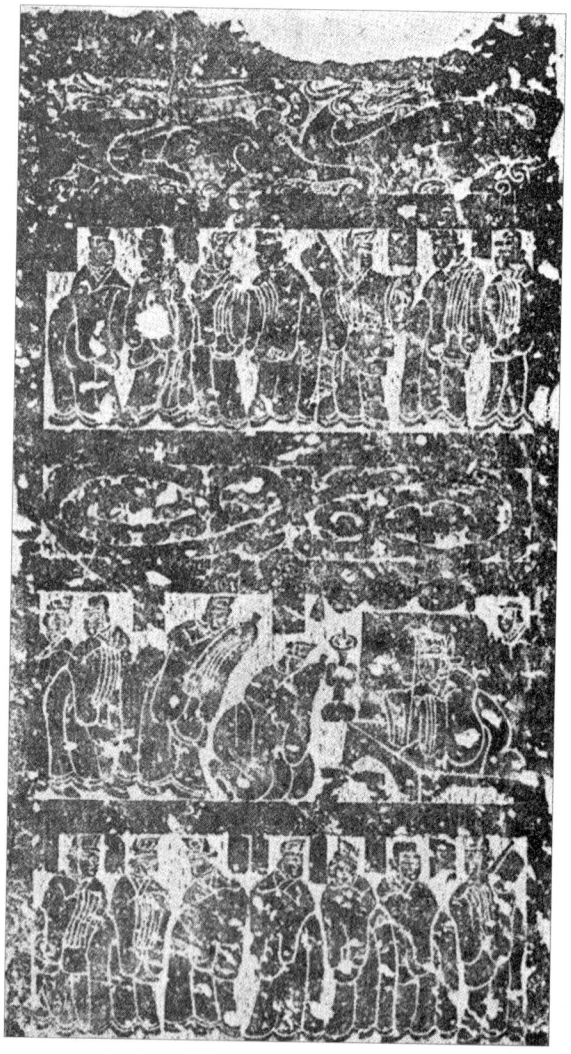

图 1269 翻印自《国华》杂志刊载的一幅图片

图 1270 翻印自《国华》杂志刊载的一幅图片

第二十七节　出处不详的画像石

保罗·马隆（Paul Mallon）先生将一块画像石带到法国，他允许我为此石制作拓片，以做进一步研究。但拓片的清晰度非常差，我只好把画像石所展现的场景临摹下来（图1271）。在《亚洲艺术》第二卷里能看到相关的照片，凭借这些照片，大家可以查看我临摹的画面是否准确。

第一层画面：打猎的场景。右侧一雄鹿已被击倒在地，前有一骑手，转身搭弓射箭，准备射杀这只受伤的鹿，后有一步卒，手持月牙铲，要去击打此鹿；再往前是猎犬在追逐奔跑的野兔；最后是猎鹰捕猎的场面。

第二层画面有一榜题，上书"此上人马皆食犬食。急如律令"。此榜题似乎是在评论上一层画面里的人物。我们对急如律令这几个字并不陌生，因为道教符咒[1]往往都以这句话来结尾，这句话是让人相信，它只是一句咒语，诅咒那些以打猎行乐的人就像吃狗粮一样。尽管如此，把打猎看作是罪恶行径显然是受佛教的影响，在看似汉代画像石上镌刻这样一段文字读来让人感到吃惊。因此要么是我们对这段文字的解读有问题；要么就是此石并不是汉代画像石，而是汉代以后的作品。

图1271　依照保罗·马隆的画像石拓片所作临摹图

---

[1]　道教的符咒通常都写成急急如律令，**急**字要重复一遍，在此并无任何迹象表明急字应重复。

第二层画面：场景一展现的是邢渠哺父的故事，旁有一榜题，上书"偃师邢渠至孝其父"。在老人上方也有一榜题："邢渠父身"。场景二左侧是"坚壬[1]丁兰"，他跪在一块形态怪异的木头前，这就是他父亲的雕像，旁有一榜题"木人为像"。有关丁兰的轶事，可参阅前文的描述。场景三描绘的是闵子骞的故事，闵子骞在寒冬里穿着单衣，在为父亲御车时冻得拿不住马鞭。右侧是他的继母，旁有榜题"后母身"，接下来是闵子骞的父亲，"敏子愆"父要把敏子愆搂在自己怀里。马车上有一人，旁有榜题"后母子御"，在最左侧，也有一榜题，上书"子愆车马"。我们注意到，在这块画像石上，故事主角写成**敏子愆**，而在武梁祠石刻画（图75）及历史文献上，他的名字则写成"**闵子骞**"。

第三层画面：场景一，伯臾（伯臾身）跪在母亲（伯臾母）面前，对母亲打他，但自己不再感到疼痛而伤心。在武梁祠石刻画上（图77），故事主角的名字写为**柏榆**，而在《说苑》里则被写为**伯瑜**（或俞）。场景二，**孝孙原毂**把父亲抛弃祖父（原毂奉父）于荒郊野外用过的抬盘保存下来，以便将来为父亲（原毂亲父）用。在介绍武梁祠石刻画（图76）时，我们已解释过这个场景，我们在此提醒大家，此场景对于研究民俗学意义重大。

第四层画面：从一建筑物的巨大双扇门里走出一辆车，车前有一导卒、两导骑；还有一马一侍从正从大门里向外走。在此仅见一榜题，上书"减谷关东门"。榜题上的字写得比较怪异，**减**字应等同于**咸**字，此词应指历史上著名的关隘"**函谷关**"，函字音咸。函谷关位于河南省**灵宝**县西南。公元前299年，**孟尝君**被齐王派到秦国，但秦王要杀掉他，于是他便仓皇逃离秦国，来到函谷关时被挡在关内。根据关法，鸡叫后才能放过往的客人出关，此时跟随孟尝君的宾客当中有人会学鸡叫，他一学鸡叫，周围的鸡都叫起来，关门也就提前打开了，孟尝君得以摆脱秦国人的追捕（参阅翟理斯的《古今姓氏族谱》，第1515条）。这里展现的也许正是这件著名的轶事。

图1192

---

[1] 无论是过去，还是现在，中国都未设过坚壬县，大概应写为**野王县**，而不是**坚壬**县。实际上，野王县（今河南省河内县）在汉代隶属于河内郡，此外，我们在前文知道丁兰是河内郡人氏。